JN312786

パルテノンの世界

その建築システムの復元的考察

池 浩三

中央公論美術出版

The World of the Parthenon
A reconstruction of the architectural system
by
Kozo Ike

Chuo-Koron Bijutsu Shuppan Co., Ltd., 2008
ISBN978-4-8055-0584-7

目　次

序　説 ·· 4

第 1 章　ドリス式オーダーの象徴性 ······················· 8
　ドリス式オーダーの起源 ······································· 13
　ペディメント ·· 16
　ミューチュール ·· 18
　トリグリフ ··· 21
　タエニアとレグラ ··· 27
　アーキトレーブと円柱 ·· 29

第 2 章　イオニア式装飾の表徴 ······························ 34
　イオニア式装飾の起源 ·· 40
　メアンダー（雷文） ··· 43
　繰形と彫琢 ··· 50
　　　イオニア式柱頭 ·· 53
　　　オヴォロ（卵舌文・卵鏃文） ····························· 56
　　　シーマ・レヴェルサ（葉舌文） ·························· 57
　　　アストラガル（連珠文） ···································· 57
　雷現象のイメージ ··· 58
　歯形飾り ·· 64

第 3 章　パルテノンの多彩装飾 ······························ 70
　塗色の顔料 ··· 74
　　　エジプト青（キアノス） ···································· 74
　　　赤土（ミルトス） ·· 78

淡黄土（オクラ）	79
色彩の象徴性	82
キアノス	83
ミルトス	85
オクラ	87
配色のシステム	89
オリュンポスとしてのティンパヌム	91
ドリス式オーダー	99
イオニア式装飾	106

第4章　パルテノンの採光　……　112

天井の問題	117
屋根瓦の形状	121
大理石試料の特性	125
透光性に関する実験	128
神室の採光の再現	130

第5章　アテナ信仰とパルテノン　……　138

アテナの木彫祭神像	143
アテナ・ポトニア	146
アテナ・ポリアス	147
パラス・アテナ	151
アテナ・パルテノス	159
処女の部屋としてのパルテノン	169
註	182
付　録	188
引用文献	190
あとがき	192

パルテノンの世界

その建築システムの復元的考察

池 浩三

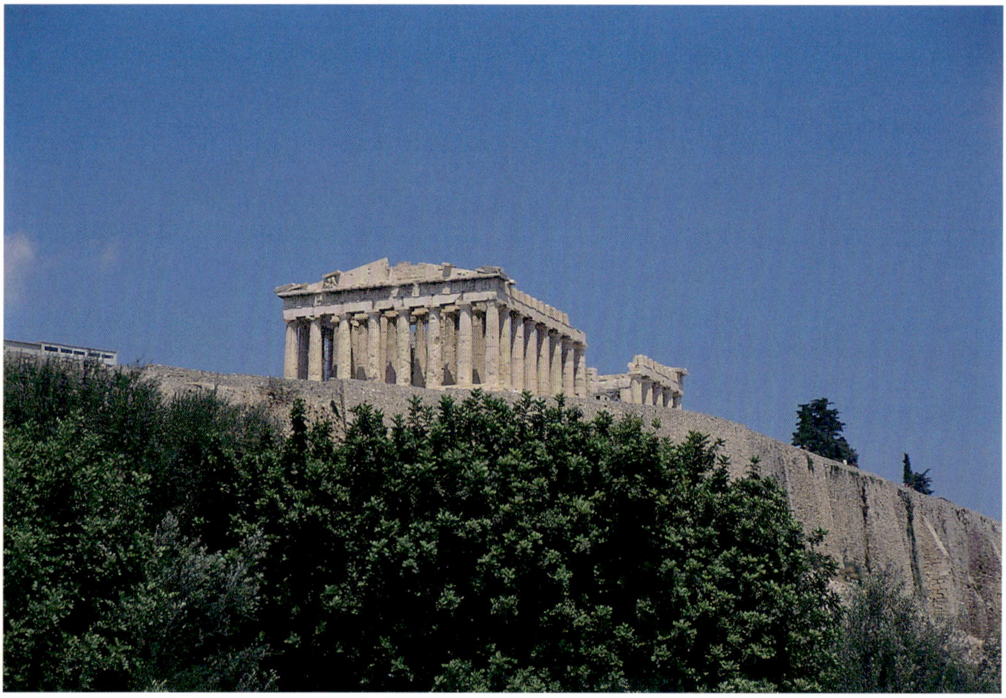

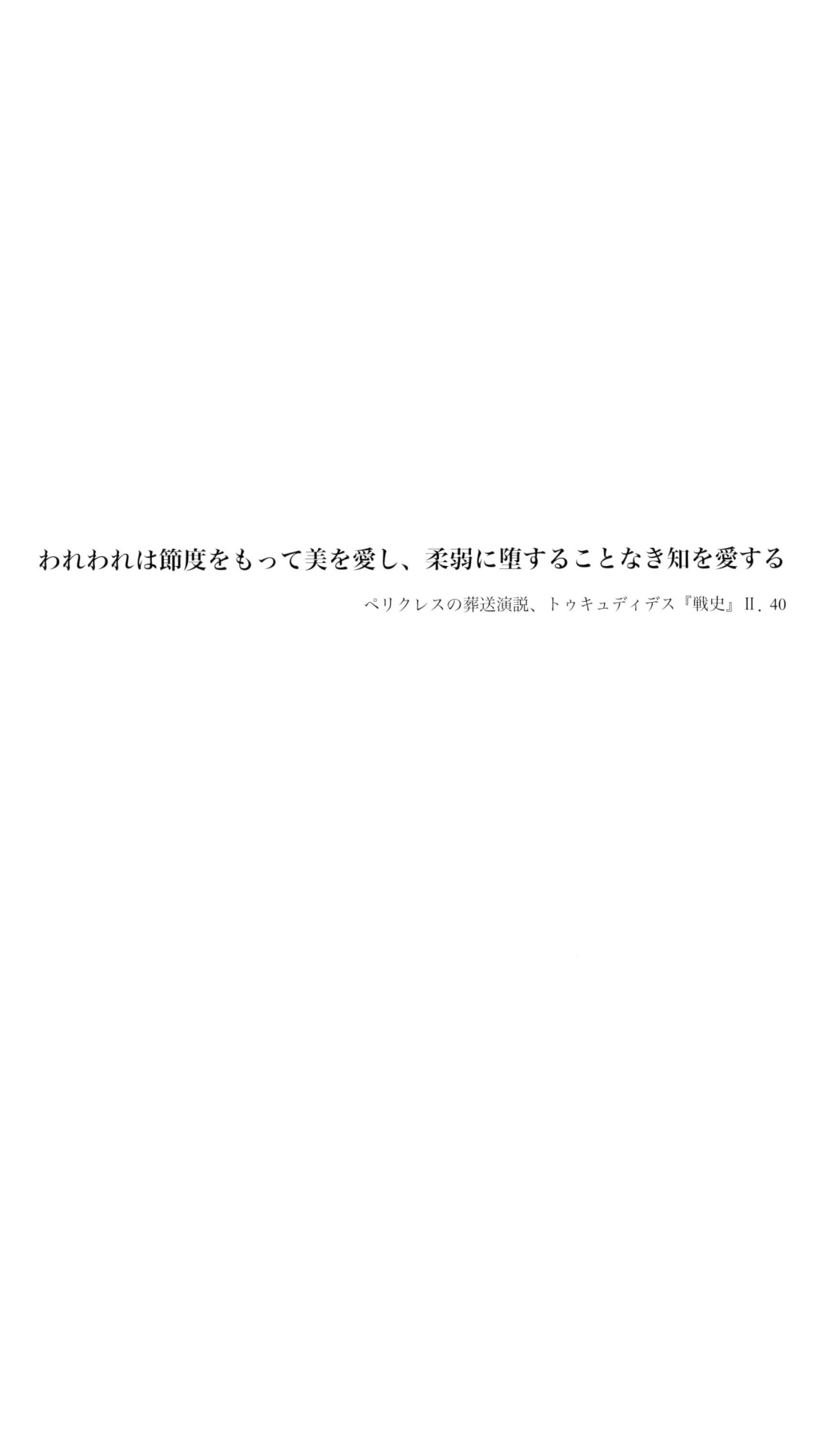

われわれは節度をもって美を愛し、柔弱に堕することなき知を愛する

ペリクレスの葬送演説、トゥキュディデス『戦史』II. 40

序　説

　パルテノンはいま廃墟である。にもかかわらず、古今東西、この建築ほど多くの讃辞が寄せられたモニュメントもないであろう。そのことには、19世紀半ば、F. C. ペンローズなどによって提供された実測成果が大いに貢献している。周知のごとく、それはパルテノンに採用されている多くの精緻な工夫、すなわち基壇(ベート)上部や柱の上の水平部(エンタブラチュア)の僅かな湾曲、外周円柱の内方への傾斜、その先細りの円柱の微妙な胴張り(エンタシス)などである。さらに、近代の研究者たちは、確かな美的法則となるようなパルテノンのいろいろな幾何学的、算術的な寸法体系を提案したことも挙げられよう。

　人びとはパルテノンの前に立つとき、このような情報によってもたらされた予備知識によってつくりあげた概念、つまり先入観をいまそこにある実物に重ね合わせて見る。そして「なるほど本当に美しい」と納得する、あるいは自らを納得させるのである。そのリファイメントがいわゆる視覚補正のためであったかどうかについてはひとまず措くとして、このような鑑賞の仕方は間違ってはいないが、その観察の対象は建築の形状とそのプロポーションに限定されていることも確かであろう。紀元1世紀のプルタルコスの次のような証言に接すると古代ギリシア人は全く違った眼でパルテノンを見ていたのだということがわかる。

　　美しさの点から言えば、その一つ一つは完成した当時からすでに古風な美しさをもっていたが、迫力の点では今日に至るも生気にあふれ、竣工したばかりのようである。このように常に一種の新鮮さが花薫り、時間に汚されず

にその外観を保っているところは、まるでこれらの建造物には永遠に若い生命の息吹きがあり、不老の魂が滲み込んでいるかのようである。

馬場恵二訳「ペリクレス」、村川堅太郎編『プルタルコス英雄伝』1996

　前5世紀にパルテノンが建立されてから約500年の時が流れているのだが、そのプルタルコスがそういうのである。「美しさの点からいえば、その一つ一つは完成した当時からすでに古風」とは、パルテノンの伝統的なドリス式オーダーのことか、それとも三角形の切妻壁(ペディメント)や小間壁(メトープ)の神話的主題の彫刻を指しているのであろうか。また「常に一種の新鮮さが花薫り」とは建物各部を彩る多彩装飾(ポリクロミー)の時間に汚されない輝きを言っているのであろうか。

　枚挙にいとまがないほどのパルテノン讃美の中で、それらを集約するようなフランスの宗教史家E. ルナンの有名な讃辞、「ペンテリコン大理石に結晶した(美の)理想」(アクロポリスでの祈り、1883)も、この建築の一面的評価にとどまるものと言わざるを得ない。

　そこで、前5世紀のギリシア人が見たパルテノンの真のすがたに近づくためには、いまのところ、それを縮尺模型に復元する方法が最も有効であろう。その模型は信頼できる実測図に基づいて正確に製作されなければならないし、ポリクロミーの各色も単に赤とか青では駄目であって、その色の色調が確かめられねばならない。それについては、パルテノンに使用された主要な色とその顔料が判明しているので、各々の色の色感すなわち色相、明度、彩度が復元可能である。要は、芸術的ではなく科学的な復元が求められるのである。

　このような条件を満たして製作された模型を観察してみると、パルテノンのドリス式オーダーが何を表現しているのか、またパルテノンに採用されているイオニア式の装飾とか繰形にかくされた意味とは何か、言いかえれば、ギリシアの気候風土、そこでの人間生活がギリシアの神話あるいは宗教、哲学、そしてそれらの具象的表現形式にいかに反映されているかがはっきり見えてくるのである。この問題は本書の第1～3章で考察されるが、そこではドリス式オーダーのコンセプトやディテールは初期神殿の木構造から写しとられた、というウィトルウィ

スの説明は明確に否定されることになろう。それにしても、前1世紀のウィトルウィウスの時代にはドリス式オーダーの起源と意味がすでに忘れ去られていたことに驚きを覚える。

　パウサニアスの『ギリシア案内記』(第5巻10章3節、以下5. 10. 3のように表記)はオリュンピアのゼウス神殿の記述の中で、大理石の屋根瓦はナクソス人のビュセスが発明したと述べ、その証拠となる碑文を紹介している。実は、これ以上何も述べていないのであるが、粗い粒子からなるナクソス産大理石は透光性が高いので、その屋根瓦は採光のためであった。そのことが碑文として特筆するに値したのである。パルテノンの屋根のペンテリコン産大理石瓦も同じ目的であったはずであるが、そのことを検証することはこれまでになかった。ペンローズは大理石が光を透すことを認識していたようであるが、当時は、まだ微量の光を測ることができる照度計がなかったのである。第4章では、この問題を正面から取り上げ、まずナクソス産、パロス産、ペンテリコン産の大理石の透光性を数量的に把握し、その実験データに基づく光源をパルテノンの縮尺模型に設け、太陽光を受けた神室の明るさを再現している。これまで、W.デルプフェルトによる、採光は東の出入口からのみであったとする見解が定説として受け入れられてきたけれども、出入口からのみの冷たい白色光と、ペンテリコン産大理石瓦を透過した黄金色の光との雰囲気の相違を想像してみたい。パルテノンの建築家は光の量よりも質を尊重したのではなかろうか。

　前5世紀はイオニアで生まれた自然哲学が知識人のあいだに広まり、これまでの神話的、宗教的な宇宙観が否定されはじめた時代であった。にもかかわらず、ペルシア戦争はギリシア人の信仰心をますます強いものにした。特にペルシア軍に対するマラトンの勝利(前490年)によって、パラス・アテナは熱烈に崇拝されるようになる。第5章では、女神アテナが農耕神からポリスの守護神、アテナ・ポリアスへ、そして戦いの神、パラス・アテナへと成長していくとともに、女神を祀る神殿がどのように変遷したかを、ギリシア史の中にたどる。その上で、マラトンの勝利後、直ちに着工された旧パルテノン、その基本形式を踏襲したパルテノンは、パラス・アテナとアテナ・ポリアスを統合することを意図したものであったことを見よう。

神殿は東の神室と西室から成っていて、前者にはアテナ・パルテノスの黄金象牙像が祀られ、後者は元来、公式名として「パルテノン」と呼ばれたのであるが、その用途ははっきりしない。前4世紀には女神アテナに奉納された宝物、祭器、祭具が保存されていたらしい。実は、パルテノンとはパルテノス、処女の部屋を意味する。そうならば当然西室は処女神アテナのそれということになるが、それでは東の神室のアテナ・パルテノスとの関係はどうなのか、という問題が生ずる。だが、この点にこそパルテノンと呼ぶ大神殿を建立する動機があったのである。要するにアテナ古神殿に祀られているアテナの木彫祭神像(クソアノン)をパルテノンの西室に遷座し、そこで大パンアテナイア祭におけるアテナへの新しい衣装(ペプロス)の奉献を行うことによって、アテナ・ポリアスの神威の更新をはかるとともに、それとパラス・アテナとが合体した新たな神格の全ギリシアの守護神、アテナ・パルテノスを誕生させようとする祭祀的意義があった。西室の呼称、「パルテノン」が、のちにいつのころからか、神殿全体を指すようになった所以(ゆえん)もここにあったのではないか。この問題を東の神室と西室の内部空間、東と西のペディメントやメトープの彫刻、そしてパンアテナイア・フリーズに描かれたペプロス奉献の場面に探ってみよう。

　パルテノンは、ドリス式オーダーとイオニア式繰形、そのポリクロミー、彫刻のモチーフ、採光の方法、そして神殿の空間構成などが渾然一体となった一つの建築的システムである。それは知的で美しく、魅惑的である。

　本書で、そのことが事実あるいは蓋然性の高い事実に基づいて論理的に復元されているか否かは、読者の判定に委ねられよう。その読者によって、パルテノンに新たな評価と賞讃の言葉が加えられることを期待したい。

アトラスは、天地の柱を、両肩にもたせかけながら、腕に支えるも容易でない重荷を負って、西方に向かって立っている。

アイスキュロス『縛られたプロメテウス』350

パルテノン、西正面

第1章　ドリス式オーダーの象徴性

第1章　ドリス式オーダーの象徴性

　パルテノンは大体においてドリス式神殿である（図1）。その外観を見れば、まず基壇の最上段スタイロベートの上に20条の縦溝（フルート）の付く円柱が直接立ち、柱礎（ベース）はない。柱頭はエキヌスとアバクスから成る。柱頭にはエンタブラチュアと呼ぶ水平部材がのり、下からアーキトレーブ、フリーズ、コーニスと呼ばれる。フリーズは3本の縦棒を彫り出したトリグリフと浮彫り装飾板がはめ込まれたメトープが交互に並ぶ。フリーズの下には帯状のタエニアが走り、その下部、トリグリフの位置に、6個の円筒形の露玉（グッタエ）の付いた長方形のレグラがある。フリーズの上には軒（コーニス）が外側に突き出ていて、その下面にはレグラを幅広くしたようなミューチュール（18個のグッタエ付）がやはりトリグリフの上部にある。コーニスの上は屋根であるが、神殿正面においては、傾斜コーニスとシマティウムで枠取られた三角形の切妻壁を戴く。ペディメントの中の彫像が置かれる空間をティンパヌムと呼んでいる（図2）。

図1　南東からのパルテノン；著者撮影

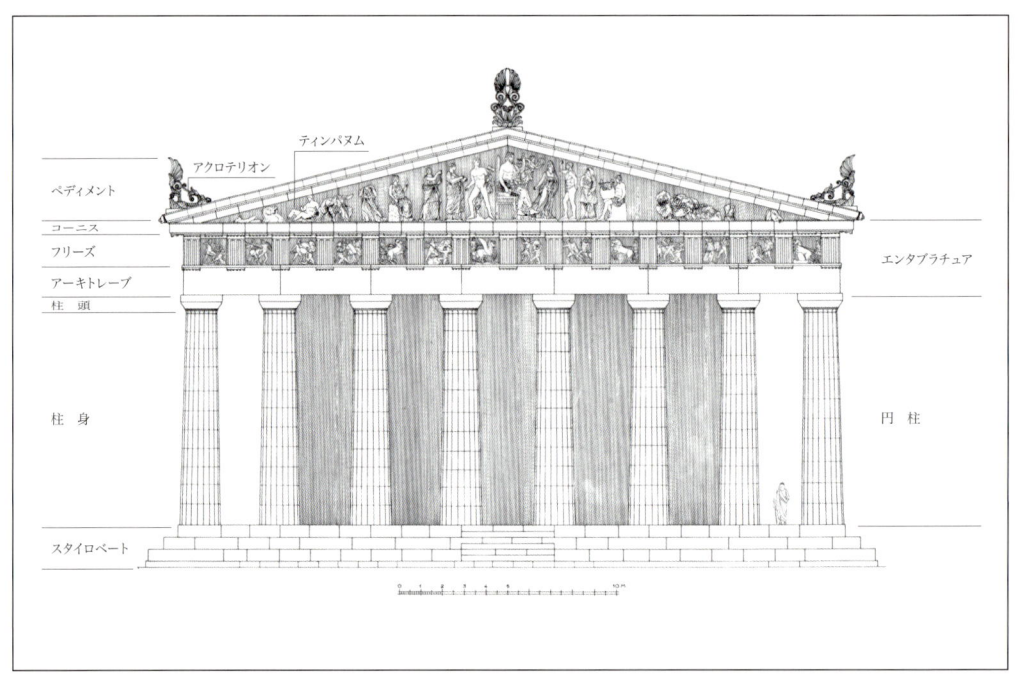

図2　パルテノン、西正面の復元図：Orlandos A.K., *I architektoniki tou Parthenonos* (*The Architecture of the Parthenon*), Vol. 1. Athens 1976.

第 1 章　ドリス式オーダーの象徴性

ドリス式オーダーの起源

このドリス様式の成立について、古代ローマの建築家ウィトルウィウス（前 1 世紀）は、

> アカイアとペロポネソスの全土をヘレンと水の精オルセイスとの子ドロスが治めていたが、この人が、当時まだシンメトリアの法が生まれていなかった時に、古都アルゴスのヘラの神域にたまたまこの種の形式の神殿を建て、次々と他のアカイアの都市にも同じ様式で神殿を建立した。　　　　　　　　　　　　　　　　　（『ウィトルウィウス建築書』4. 1. 3）

と述べている。ローマの属州としてのアカイアはギリシア本土の中南部およびペロポネソス半島を含む地域をいったが、ギリシアの歴史時代のこの地名はペロポネソスの北岸、コリントス湾に面する帯状の地域を指していた。いずれにしても、ドリス式神殿の発祥地はペロポネソス半島のどこかのようで、前 7 世紀の半ばには、ペロポネソスのアルゴスのヘライオン（ヘラ神域）に古風な木造周柱式神殿が建っていたと推定されている。ウィトルウィウスは冒頭のドリス式の主要な構成要素の起源をこのような木造神殿の構造に求めたのである。

> 円柱や柱形やアンタの上には桁が置かれ、床組には梁と厚板が置かれる。屋根の下には、もし梁間が大きければ陸梁と合掌、普通であれば棟木と軒回りの端まで突出する垂木。垂木の上には野地受け材、次いでその上に、瓦の下にはちょうどその出によって壁に差し掛けられるように突出している野地板。……昔の工匠たちは、どんなところで建てるにしろ、このように内部の壁から外側まで材が突き出て置かれ、この材の間を積みふさいでその上にコロナと破風を木造で外観美しく付け加えた時、この材の突出部分を出っ張っているだけ一直線に垂直な壁に沿って切り去ったが、それの外観がかれらにはあまり美しく見えなかったので、現在トリグリフになっている形につくられた板片を材の断面前面に取付け、それを濃い青色に蠟で彩色した。その結果梁の断面は隠されて眼のじゃまにならぬようになった。このようにして隠蔽された材の間割りがドリス式の建物にトリグリフの配置と梁に挟まれたメトープとをもたらしはじめた。その後、別の人が別の建物においてトリグリフの垂直面に垂木の端を突出させ、その突出部を化粧版で平らにした。このことから、ト

リグリフが陸梁の配置から発明されたように、垂木の突出からコロナの下のミューチュールの手法が発明された。　　　　　　　　　　　　　　　　　　　（ウィトルウィウス, 4. 2. 1-3）

　この木構造起源説は広く流布し、いわば定説として容認されてきたが、裏付けとなる考古学的証拠は何らないので、それを単なる憶測にすぎないとして異を唱える学者も出てきた。近年では、R. カーペンターがウィトルウィウス説あるいはその系統の所説の矛盾点を具体的に突いて全面的に否定している。要するに、ドリス式のトリグリフは突き出た天井梁の端部の装飾ではなく、メトープはその間の羽目板でもない。またミューチュールは垂木の形の反映ではなく、グッタエは木釘の模倣でもない。石造のドリス式オーダー各部分は木造の原型に倣ったものだとしても、それは芸術的な動機に基づいて、当初からひとつの意匠的な形として創案されたのだというのである。そうだとすれば、オーダーの各構成要素には何らかの意味がこめられていたと考えるべきであろう。

　象徴、ある物・事を別の物・事によって表すことの語源シンボロンの語をはじめて使ったのはギリシア人である。証拠あるいは符号を意味する語シンボロンは、元来何かのものを２つに割っておき、それぞれの所有者がそれをつき合せて、相互に身元を確認しあうもの、すなわち割符を意味した。そしてさらに広く、何かを共有していることで、同じ共同体の構成員であることを示す場合にも用いられたので、それは集団的・社会的に承認された一定の約束事としての性格を含んでいた。言うまでもなく、ギリシア神話において、鷲や雷電（厳槌）は最高神ゼウスのシンボルであり、梟は眼光輝くアテナの、そして三叉の矛は水の神ポセイドンのシンボルである。これら象徴するものとされるものの対応関係は社会的に認知されていたからこそ、鷲、雷電、梟、矛は単独で貨幣面にも描かれたのである。

　ギリシア建築における象徴性の古い例は、原パルテノンつまり現パルテノンの祖父にあたるヘカトンペドンすなわち百尺神殿の平面に100ドリス尺の寸法を使用していることである。パンアテナイア祭はアテナイの１年の最初の月ヘカトンバイオン（現在の７月半ば～８月半ば）の28日から始まるが、ヘカトンバイオンとは100頭の牛を供犠することで、100という数字は十分な数量、完璧なことを象徴する。つまりヘカトンペドンとは100ヘカトンをもって完璧な建物を意味することになる。古代ギリシア語には、そのほかにも「100の町を持てる」(hecatom-polis)、「100の門がある」(hecatom-pylos) などヘカトンを冠した言葉は枚挙にいとまがないほどである。

第 1 章　ドリス式オーダーの象徴性

図3　ミュケナイの獅子門、前 1250 年；著者撮影

　また柱の象徴性については、エウリピデスの『タウリケのイピゲネイア』の幕開き、イピゲネイアの独白に、「男の子というものは館の大黒柱」だから、彼女が見た夢のなかで、地震で崩壊する父アガメムノン王の館の中でただ 1 本残った柱はオレステスだ、とある。この柱はまさにシンボリックな柱である。そのような遺構例としては、アガメムノンの居城と伝えられるミュケナイ城塞の獅子門が挙げられよう（図3）。その三角形の巨大な板石の紋章のように浮彫りされた相対する 2 頭の獅子の中央に立つ柱は、この城主その人を象徴しているように見える。そうだとすれば、アトラスが天あるいは天地を支えるという神話も、このような柱の象徴性の伝統的観念から生まれたのであろう。すなわち、柱の象徴化は柱の擬人化でもある。

　アクラガスのゼウス・オリンピウス神殿は前 480 年頃ヒメラの戦いでカルタゴを撃退したことを祝賀して建てられたが、そのドリス式柱と交互に並ぶ巨大な男性像(アトランテス)は、アクラガスの戦士たちをポリスを支える柱として、その勲功を記念している。

　また女性像(カリアティド)は言うまでもなくエレクテイオンの柱廊のそれが有名であるが、ウィトルウィウ

スはアトランテスという呼称の由来について次のように言っている。

　　何か男の姿をした像がミューチュールやコロナを支えているとしたら、われわれはそれをテラモネスと呼ぶが、なぜどういう理由でそういわれるのかという根拠は物語からは見出されない。ギリシア人は別にそれをアトランテスと呼んでいるのである。実に、アトラスは物語によって宇宙を支えている姿に形づくられているのであって、その理由はアトラスがはじめて太陽と月の運行および星の回転の理論を強力に心巧みに人間に伝えようと気を配ったことにある。このことによってアトラスは画家や彫刻家によってその功業に相応しい宇宙を支えた姿に形づくられた。　　　　　　　　　　　　　（ウィトルウィウス, 6. 7. 6）

テラモネス（telamones）の tela は「支える」を意味し、英雄テラモン（telamon）はその語にあやかった名前だというが、このアトランテスに関する説明はドリス式柱の形を考察する上でも示唆に富むものであろう。

さて、ホメロスの『イリアス』(15. 184 以下) の伝によれば、ゼウスとハデスとポセイドン 3 兄弟は、父親クロノスを退位させたあと、全世界を 3 つに分割し、ゼウスは高天(アイテール)と雲の漂う広大な天空の支配権を、ハデスは暗闇の地下の世界、ポセイドンは海洋のそれを手に入れ、大地と高峰オリュンポスは 3 神の共有するところとなったという。大地は元来これらの神々の先住者である豊穣のダイモン（ガイア）の所有にかかる領域だったからであろう。そのことはともかくとして、ギリシア人が現実体験をもって想像したこのような神話的世界観は、宗教的儀礼、文学、そして造形的表象において、元来密接に関連し、相互に依存し合っているのである。それは建築においても例外ではないはずで、そのホメロス的世界観はドリス式オーダーにも象徴的に表現されている蓋然性は十分にあるといえよう。そこで、この想定に立って、ドリス様式の建築要素のなかにそのような象徴性を読み取ってみたいと思う。

ペディメント

ギリシア神殿の屋根は普通切妻であるが、その両端の三角形の壁を鷲(アエトス)(ペディメント)と呼んだ。パウサニアスはパルテノンのそれについて、

第 1 章　ドリス式オーダーの象徴性

その入口に向かう人を迎える側の、いわゆる鷲(アエトス)に置かれている彫像は、すべてがアテナ女神の誕生にまつわるもので占められ、神殿背面のそれはポセイドンとアテナの領土争いである

(パウサニアス，1. 24. 5)

と記している。古代ギリシア人は、その二等辺三角形のペディメントの形状に、両翼を左右に拡げた鷲の姿を連想したのである。したがって、ピンダロスのオリンピア祝勝歌 (13.21) の詩句「神殿に鳥の王の一組」について、それは神殿の屋根の頂部装飾として 2 羽の鷲を置いたことではなくて、神殿の両端のペディメントそのものを指しているのだとする見解もある。『イリアス』(8.247) や『オデュッセイア』(2.146) のなかで、「鳥の王」鷲はゼウスの前兆として現れるから、鷲としてのペディメントはゼウスが顕現することの暗喩なのである。言いかえれば、ペディメントは鷲の姿を象ることによって、ゼウスの支配する世界を象徴しているともいえよう。

このような対象の象徴化は同時に対象の抽象化を促した。ペディメントを純粋な幾何学的図形として認識したのである。ピュタゴラスの「直角三角形の直角の対辺 (斜辺) につくられる正方形は、直角をはさむ辺につくられる 2 つの正方形の和に等しい」という有名な定理もそういう思考の産物である。そのピュタゴラス派は十数すなわちテトラクテュスが、数の系列を完全にする特性をそなえる神聖な数として下記の図形に表現した (図 4)。

$10 = 1 + 2 + 3 + 4$

図 4　テトラクテュスの図形

テトラクテュスとは、4 つの数の総和という意味であるが、この図形は正三角形あるいは二等辺三角形を形成する。またピュタゴラス派では、万物を数とみる見地から、点を 1、線を 2、平面を 3、立体を 4 で表したり、万物の構成要素すなわち火と水と土と空気について、幾何学的に、火を正四面体、土を正立方体 (六面体)、空気を正八面体、水を正二十面体で表した。これは、プラトンの『ティマイオス』における 4 つの構成要素 (元素) の幾何学的構造についての説へと発展するのであるが、プラトンはアイテールのような最も澄み切った清明な空気は二等辺三角形で構成され、霧とか暗さとかなど濁った空気は、三角形が不等なために生じたと考

えている (58-D)。かくして、二等辺三角形として抽象化されたペディメントは、新たにアイテールという象徴的意味を獲得した。ゼウスとオリュンポスの神々の彫像がここに集う正当性が確認されたわけである。

ミューチュール

　軒（コーニス）の下面に付いている装飾板で、ギリシア語でプロモクトイ（promochthoi）と呼び、前1世紀のウィトルウィウスの時代には、垂木の形を反映する部材名と見なされたようであるが、元来は別の意味があったのであろう。そしてクラシック期のドリス式では、ミューチュールの下面に3列6個の小円筒形の装飾露玉飾り（グッタエ）が垂下している。guttaeはラテン語guttaの複数形で「し

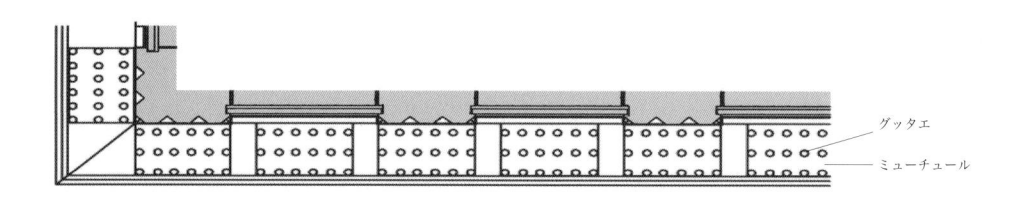

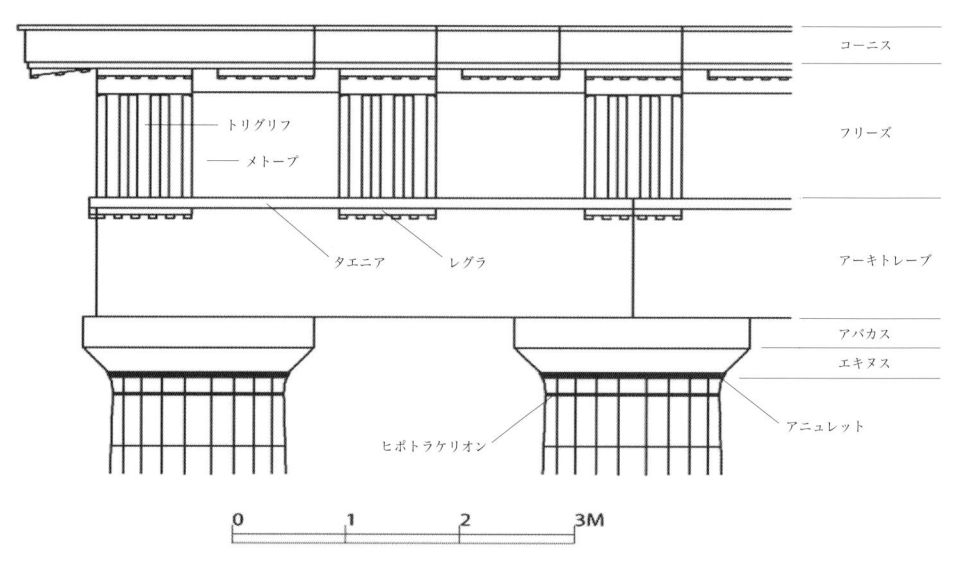

図5　パルテノン、柱頭とエンタブラチュアの詳細、オルランドスの図による：Orlandos, 前掲書

ずく」を意味する。ギリシア語では stagones であるが、古来この部材をそう呼んだかどうかは明らかではない (図5)。

さて、ギリシアは全体として夏乾燥する温帯の地中海性気候に属するが、緯度や地形など自然条件の違いによって、地域的にかなりの多様性が見られる。古代ギリシアの核地域である本土中南部やペロポネソス半島では、夏 (7〜9月) は特に暑くて乾燥しており、しばしば熱波に見舞われる。この地域の7・8月の月降水量は数ミリに過ぎない。9月の末、青天にわかにかき曇り、雷鳴とともに雨が降りはじめ、降雨の季節 (10〜3月) となるが、最も降水量の多い12月でも70mmと少ない。アテネの年降水量は400mm程度である。ギリシア人が渇望した自然の恩恵とは何よりも雨であったのである。人間生活と生業の倫理について説いたソロンの詩に次のような一節がある。

> 死すべき者どもにとっては暴慢の仕事は長くは続かず、ゼウスが万事の結末を見守り給うゆえに。そして突然に春の嵐が雲どもを急速に撒き散らし、浪の多い不毛の海の底をまで揺るがして、麦を産む大地の面の美しき田畑を荒らし、神々の御座所なる高天にまで届き、再び青空を現し出す。そして豊かなる美しき大地の上に太陽の力が輝き、もはや一片の雲も見えはしない。そのようにゼウスの報復は来るのだ。　　　　　　　(ソロン, 断片 13, 16-25)[4]

真夏の青空に輝く灼熱の太陽はホメロスのいう「ものみな養う大地」を枯渇させる脅威である。だからギリシアでは、太陽神ヘリオスが直接に信仰の対象とされることはなかったし、祭儀においてもいかなる重要性ももたないのであろう。ヘシオドスの『仕事と日々』に、

> 厳しい太陽の汗をしたたらせる炎熱を収め、力強いゼウスが秋の雨を送られたあと、人びとの肌はたいそう爽やかになる。　　　　　　　　　　　　　　　　　　　(415 以下)

とあるように、秋の慈雨は雷神ゼウスがもたらすのである。したがって、ホメロスやヘシオドスにおいて、「雷を楽しむ」「雷鳴轟かす」ゼウスは、気象の神として「黒雲の支配者」「雲を集める者」「神聖な雨」と呼ばれる。つまり雨といえば「ゼウスが降らす雨」オンブロス (ombros) なのである。そこで、ギリシアが日照りや旱魃に見舞われた際には、人びとはゼウスが雨を運んで日照りを追い払ってくれるように供犠して祈願した。

パウサニアスによれば、アテナイのアクロポリスにはゼウスに雨乞いをしているゲー（ガイア、大地）の神像があったし（1. 24. 3）、アテナイのヒュメットス山（1. 32. 2）、メガラのモルリス山（1. 44. 9）、アルゴスのアポロンの神域（2. 19. 8）、エピダウロスのアラクナイオン山（2. 25. 10）、アイギナ島（2. 29. 8）、オルコメノス・レバディアのトロポニオスの杜（9. 39. 4）には、「雨を恵むゼウス」の祭壇や神像があった。アルカディアのリュカイオン山をこの地方ではオリュンポスとも神峯とも呼び、この山中の泉でも雨乞いの儀式が行われた。日照りが長い間つづき、すでに地中の種子や樹々が乾ききるようになると、ゼウスの祭司は「リュカオン勧請のゼウス」に向かって水を恵むよう祈願し、この神に供えるきまりのものを供犠する。そして、ハグノというニンフの名に因むこの泉の水面を樫の若枝でかき廻す。すると白雲のような霧が立ち昇り、少し間をおくと、霧は雲となり、この雲がほかの雲を引き寄せて、アルカディアの土地に雨を降らす（パウサニアス, 8. 38. 2-4）。アリストパネスの『雲』のなかで、雲の精なるコロスは次のように歌う。

　　われらは雲、不断に流れ行くもの
　　さあ立ちのぼろうよ、露光る姿あらわに、
　　底鳴りする父オケアノスの許を離れて
　　高くそびえる山々の、樹々に被われた頂上へ、
　　ああ、かしこからは、さあ見ようよ、
　　遠くにそれと見える山々、
　　水をふくんで、稔りはぐくむ聖なる大地
　　神やどる河の涼々のひびき、
　　滔々（とうとう）ととどろかす海など。
　　いまや天空の疲れしらぬ眼は、
　　燦（さん）とした光のうちに、
　　照りかがやいているのだから。
　　何はともあれ雨雲は、われらが不滅の
　　形相から露振りすてて
　　地上をしかと見ようよ、
　　遠く見る目をもって。
　　　　　　　　　　　　　　　　　　　　　　　　　　　　（274 以下）

　オケアノスは大洋神であるが、ホメロスの『イリアス』（21. 195 以下）には、「河も海も、泉

も深い井戸もすべてこのオケアノスに発する」とある。そしてオケアノスの娘たちオケアニディスはその数三千、つまり地上に無数ある池泉の女神(ニンフ)なのである。地上の水の神格であるオケアノスの許を離れて立ち昇った霧は天空において雲となり、雲は雲をよび、やがて雨雲となって雨滴を大地に降らす。この水の循環現象を思わせる壮大なる雲の讃歌には、アルカディアにおけるような雨乞いの儀式のイメージが反映しているといえよう。またピンダロスの『オリュンピア祝勝歌』第 11 歌の冒頭にも、

> 人間にとってこよなく嬉しきものは、ときには風。ときには天の水。露しけき雲の子らなる雨。
> 　　　　　　　　　　　　　　　　　　　　　　　　　　　　　　　　　　　　(11. 1-3)

と歌われているが、『イリアス』第 14 歌の、天上におけるゼウスとヘラの閨房の次のような描写は、まさにホメロスの詩的想像力による雲の理想像であろう。

> 2 人の神の体はその上に乗って地上からふわりと浮き上がる。そこに身を横たえ、美わしい黄金の雲に身を覆うと、雲からは露のしずくがきらきらと輝きながら滴り落ちた。
> 　　　　　　　　　　　　　　　　　　　　　　　　　　　　　　　　　　　　(14. 349 以下)

　以上、雨(オンブロス)、露(ドロソス)、雲(ネフォス)、そしてあらゆる形態の水(イダトン)に対するギリシア人のイメージと観念を前提とすれば、ドリス式神殿の四周の軒下を飾るミューチュールとグッタエは雲と雨滴を表現していると考えられる。それらは古来言い慣わされた言葉だという「露けき雲の水の雨」(『雲』, 340) そのものの造形化だといえよう。

トリグリフ

　ミューチュールの下部は敷繰形とその下のフリーズである。フリーズはほぼ直角形断面の縦溝によって分かれた 3 本の縦棒のトリグリフと、普通浮彫りの装飾板がはめ込まれるメトープから成る。トリグリフの形で注意すべきは、縦棒の表面上端はわずかな丸みをもって上の水平帯と一体化しているのに対して、下端はタエニアと直角に接している点である。そのことは、トリグリフが上端を根元とするものの抽象的造形であることを暗示している。

図6　三叉の矛を振るポセイドン／同じ刻印、ポセイドニア、前530〜510年、大英博物館：Jenkins, I. *Ancient Greek Coins*, 1990, London.

　さて、トリグリフ、ギリシア語トリグリポス（triglyphos）は元来「ある深さまで三部分に分かれたもの」を意味し、エクメ・トリグリポスは三叉の矛(トリエナ)のこと、すなわちそれはポセイドンのシンボルなのである。エクメは槍や矛の切っ先のことで、その語だけでポセイドンのトライデントを暗喩する。

　『イリアス』（8. 16以下など）によれば、海神ポセイドンはエーゲ海にあると思しきアイガイの海底にある黄金の宮殿を本拠として、そこから4頭立ての馬車を駆って、オリュンポスあるいはトロイアの戦場に赴いている。しかし、ポセイドンが主として海の神となったのはドリス人のギリシア本土への侵入にともなうイオニア植民以後のことらしい。ホメロスでは、この神はポセイダーオーン（poseidaon）と呼ばれ、「大地を保つ者」（gaieochos）とか「大地を揺する者」（ennosigaios）という伝統的形容詞が付けられるように、大地と密着した神であって、元来は海とは直接関係がなかった。またポセイダーオーンの名は「夫」という意味の語の呼格形（Posei）と「大地」という語の属格形（Das）との結合から生じたものだと説明されている。つまりその名は「地母神の夫」という意味であるが、地母神といえば豊穣（あるいは穀物）の女神デメテル(5)である。

　パウサニアスが記すアルカディアのテルプウサ地方の伝承によれば、デメテルが娘コレを探して遍歴中、ポセイドンが女神に挑みかかったが、女神は恐れて牝馬に姿を変えたので、ポセイドン自身も牡馬となって女神と交わった。そしてデメテルはポセイドンの子として娘を生んだが、その娘の名前は秘儀の部外者には教えられない。それからデメテルは神馬アレイオンも生んだ。それでアルカディア地方ではじめて、「馬を御すポセイドン」の呼び名を決めたという（8. 25. 5, 7）。馬を伴って侵入してきたギリシア人は、馬に何か超人的な力を感じて神聖視

していた。そのため先住民の地母神と馬形の神が交わるという聖婚が成立し、かくして地母神の夫ポセイドンという神が誕生したのだ、と説明されたりする。しかし、パウサニアスの記事にあるポセイドンの神像、祭壇、神殿などは水の存在と深くかかわっている。

　アルカディアのアルゴスにゲネトリオンと呼ばれる神域があって、それに面したディネ（渦を意味する）では真水が海から湧きあがる。古くはポセイドンのために馬具で飾った馬をディネのなかへ投げ入れたという（8. 7. 2）。生き馬を渦に投じる供犠のことは『イリアス』（21. 130以下）にも出てくるが、これらの供犠の中心は真水の恩恵に与(あずか)ることである。大地は水あってこそホメロスのいう「ものみな養う大地」なのである。

　馬形によるデメテルとポセイドンの聖婚の神話は、地上あるいは地下を走る水脈と大地との結合を説明するための寓話であろう。ゼウスの降らす雨は大地において河川や池や泉、そして地下水となる。元来ポセイドンはこのような農耕に不可欠の水域を支配する神であるが故に「大地を保つ者」であったが、のちにはその領域を拡大させて海神となったのである。この神が三叉の矛を一振りすればたちまち大洋の波が湧き立つ。そして怒れば川を干上がらせ、また土地を海水に浸して不毛にする。

　パウサニアス（2. 32. 8）によれば、かつてポセイドンがトロイゼンの市民に怒りを抱いたため、塩分が植物の種子や根にまで滲み込んで、この地方を不毛にしていた。しかし、ついに「育成のポセイドン」は市民の供犠や祈願を容れて、もはや塩水を地表まで上げなくなったという。ホメロスにおいて頻出する海の枕言葉「不毛の、稔りなき」（atrygetos）はこのようなポセイドンの伝承に基づくものなのである。さらに古代的観念では、地下水脈と地震とは相通ずる自然現象であったから、ポセイドンは「大地を揺する者」でもある。スパルタやアカイア地方のヘリケはポセイドンの怒りを買って全市を根こそぎ破壊された。それ故ポセイドンの行為は、デメテルとの強引な結婚にしても、「馬を御す者」にしても、また人間への報復のやり方にしても、荒々しく、野性的で、暴力的である。ポセイドンのそういう性格を象徴するのが三叉の矛なのであろう。

　ところで、ピュロス出土の線文字B文書にはポセイドンの名が見える。実はこの文書ではポセイドンのほうがゼウスより頻繁に登場し、そこではポセイドンが重要な神として崇拝されていたことが明らかとなっている。[6]またアカイア沿岸のアイガイ、アイギオン、ヘリケなどで

はこの神に因縁のふかい地名が並び、アルゴリス半島部海岸のナウプリア、トロイゼン、カラウレイア島など、いずれもポセイドン信仰の盛んな土地では一帯にポセイドンの祭祀を中心とする隣邦組織（Amphiktyonia）があった。なかでもトロイゼンはアテナイの伝説的英雄テセウスの故郷であるが、彼はポセイドンの胤(たね)といわれた。

パウサニアスが記すトロイゼンの伝承によれば（2. 30. 5-6）、ポセイドンと初代の王オロスの娘レイスとのあいだにアルテポスが生まれ、オロスのあと王位を継いだ。この王の治世に、アテナとポセイドンがこの地方をめぐって争ったが、のちゼウスの命によって両者の共有とした。そこで市民はアテナを「ポリスの守護神」（Polias）「力強い神」（Sthenias）と呼び、ポセイドンには「王」という異名を添えて崇拝した。ポリスの古い貨幣にはアテナの顔と三叉の矛が刻印されていた。

さらにストラボン『地誌』(8. 14. 373) には、トロイゼンはかつて「ポセイドンの町」（Poseidonia）と呼ばれたといい、さらにプルタルコス（テセウス, 6）の語るところでは、トロイゼン人はポセイドンをポリスの守護神としてことのほか崇め、この神に穀物や果実の初穂を献げ、三叉の矛を貨幣に刻印したという。その三叉の矛の意匠はシチリア島シュラクサイ出土の僭主ヒエロン2世時代（前3世紀）の貨幣のそれと同様のものであったと想像される（図7）。言うまでもなく、シュラクサイをはじめ同島のセリヌスやアクラガスはペロポネソス半島アルゴリス地方のドリス人の植民地であって、しかもこれらの地にはアルカイク期の洗練されたドリス式神殿が存在するのである。そうだとすれば、水域を支配して「大地を保つ者」ポセイドンとその象徴としての三叉の矛とドリス様式を特徴づけるトリグリフは、密接に関連していると予想されよ

図7　三叉の矛の銅貨、シュラクサイのヒエロン2世、シチリア島、前3世紀、大英博物館：Carradice, L.*Greek Coins*, London, 1995

図8　「神聖な泉」の上のトリグリフの壁、コリントス、前500年頃：著者撮影

う。冒頭で注目したように、トリグリフの縦棒の表面上端はわずかな丸みをもって上の水平帯と一体化しているが、下端はタエニアと直角に接している。そこで、トリグリフが三叉の矛の抽象的形態だとすれば、上端部分は三叉の矛の元を、下端はその先端が大地としてのアーキトレーブに深く突きささっている状態を表している。それは三叉の矛すなわちポセイドンが大地の水域も支配する「大地を保つ者」あるいは「大地を揺する者」であることを暗示しているように見える。そこで注目すべき遺構について見てみたい。

　ギリシアの植民地シュラクサイは前733年にアルゴリス地方のコリントス人が築いたのであるが、その本拠地コリントスはペロポネソス半島とギリシア本土をつなぐ地峡部に面し、一方は西方に、一方はエーゲ海に向いて港をもって商業と手工業のポリスとして繁栄した。前8世紀半ばから前6世紀前半まで、地中海世界全体にその彩色陶器を多量に輸出している。

　古代コリントスのアゴラに隣接する低い丘の上にアポロン神殿の遺構があって、7本のドリス式柱と、エンタブラチュアの一部および基壇が残っている。前540年ごろ建立のこの神殿は2室から成り、それぞれが2つの柱列をもつ荘重なドリス様式であったと復元されているが、その様式は前6世紀末に建てられたアテネのアクロポリスのアテナ古神殿の形式に影響を与えたといわれる[7]。さて、そのアゴラにある「神聖な泉」が問題の施設である（図8）。

古代ギリシアでは、水はおおかた地下の貯水室や水槽に貯えられたが、この前500年ごろ建てられた聖なる泉の貯水室の上部構造の前面がトリグリフの壁になっているのである。壁には開口部があって階段（7段）で貯水室に下りるようになっている。調査報告によれば、トリグリフは青、メトープは白、その上端の帯は青で彩色されていた。その上部の帯状面の上の鳥嘴の繰形（モウルディング）の縁は黄、中は青と赤の葉舌文が交互に並ぶ模様である。最上部の広い帯状面（ファスキア）は青の地色に赤と黄の雷文状の模様が施されていたという。この前方へ突き出た部材が塗色を保護していたようである。(8) 以上の多彩装飾（ポリクロミー）はドリス式神殿に概ね共通する配色なのであるが、そのフリーズの部分が聖なる泉の入口正面に置かれているということは、トリグリフの壁すなわちポセイドンの象徴である三叉の矛が泉水を守護していることを意味していよう。そしてトリグリフとメトープから成るフリーズは元来神殿固有の構成要素ではなく、それだけで独自の建築的表現となっていたと考えられる。エウリピデスの悲劇の台詞にそのような例証が見出される。すなわち一つは『オレステス』である。

　母親殺しの罰で投石の刑に処せられることになったオレステスと姉エレクトラは、禍いの因（もと）であるメネラオスの妻ヘレネを殺し、その娘ヘルミオネを人質に捉えようと企てる。場所はアルゴス城内、アトレウス家王宮の正門の前。プリュギア人の奴隷が登場。

　　アルゴス人の剣にかかるところを逃がれて来ました。夷狄人（いてき）の鞜ばきで。杉材造りの奥部屋と、ドリス風のトリグリフを越えて、夷狄人の逃げ足で、大地よ、大地よ、逃げに、逃げました。
　　　　　　　　　　　　　　　　　　　　　　　　　　　　　　　　　　　　　　（1369以下）

　「ドリス風のトリグリフ」（Dorikastetriglyphous）はトリグリフとメトープが交互に並ぶフリーズを指しているのであろう。奥部屋の天井下の壁がこのフリーズで飾られていた。プリュギア人はオレステスの剣から、トリグリフの間のメトープの嵌め板を取り除いて、そこから抜け出してきたというわけである。(9)

　王宮の壁を飾るトリグリフの意味を伝えるもう一つの例は、エウリピデスの『バッコスの信女』の台詞である。場所はテーバイのアクロポリスで、カドモス城と呼ばれる。背景は宮殿の正面。ディオニュソスの魔力に魅せられたテーバイ王ペンテウスが山中の信女を窺いに行き、母アガウエはじめ狂乱の女たちに八裂きにされて果てる。狂ったアガウエは狩りで仕留めたという獅子（実はペンテウス）の首を携えて王宮にもどりこう言う。

父上はどこにおいでかしら、お呼びしてきておくれ。また倅(せがれ)のペンテウスはどこなのであろう。宮殿の壁に梯子をかけて、そのトリグリフに私が狩りで仕留めたこの獅子の首、打ちつけてほしいのだが。
(1211 以下)

話の筋は不敬なるペンテウスに対するディオニュソスの復讐劇であるが、この時狂気のアガウエはそのことをまだ自覚していない。彼女がトリグリフに獅子の首を打ちつけようとしたのは、古来の作法にしたがい、ポセイドンへ犠牲(いけにえ)を供える行為としてであった。なぜならば、ポセイドンの表徴としてのトリグリフは王宮を守護する護符のごときものと観念されていたからである。エウリピデスの悲劇は前5世紀の創作ではあるが、その舞台背景・装置は古い伝承に基づくものと考えてよいであろう。前4世紀の歴史家エフォロスも、「古い時代には、ペロポネソスは言わばポセイドンの聖地と見なされ、この地方のポリスのすべてが神々のなかでこの神を最も敬っていた」(ディオドロス、15. 49. 4)と述べているように、ミュケナイ時代には、ゼウスよりもポセイドンの方が重要な神として崇拝されていた。

ミュケナイ文明崩壊後、前1100年前後にペロポネソスに侵入したドリス人も、そのポセイドン信仰を継承し、ポセイドンが護持する表徴としてのトリグリフで王宮の壁面を飾ったと推考される。『バッコスの信女』の引用箇所はドリス様式の神殿が生まれる以前からの宮殿のそういう建築の意匠を伝えるものといえよう。

タエニアとレグラ

アーキトレーブとフリーズを分けている帯状の部材がタエニアで、その下部、トリグリフの位置にグッタエの付いたレグラがある。露玉(グッタエ)の数は、アルカイク期の神殿では4ないし5個のものもあるが、クラシック期には6個に定まったようである。それでは、6という数にはどのような意味があったのであろうか。興味深いことに、ピュタゴラス派の哲学者ピロラオスは諸数の意義を次のように規定したという。

3つ(の次元)に区分される数学上の大きさは4に、自然の示す性質や色は5に、生気は6に、理性や健康や光は7に、そしてそれらに続いてエーロスや友愛や知恵や着想は8に基づい

て諸存在に生じる。　　　　ピロラオス：学説 12、『数理神学』p. 74, 10 de Falco（ニコマコスによる）[10]

　ここでは、まず 1 を点の表現として、2 を線の、3 を平面の、4 を立体の表現として把握する。そして自然界の諸特性の個性化、次にその総体性において有機界に属する生気が、さらに人間固有の理性、その知性的ならびに倫理的諸性質の段階的形成を諸数に基づいて理解している。まさに「万物は数」というわけであるが、その 6 の「生気」のギリシア語、psychōsis は「生命を与えること」「活気づけること」を意味する。6 個のグッタエにはこの数観念あるいは数神秘主義が反映しているように思われる。つまり、アーキトレーブを大地と想定すれば、レグラと 6 個のグッタエは地表の草木に生気を与える露を表していることになろう。

　ギリシアの夏季は降雨がほとんどない。地表は乾ききってしまう。水は何ものにもまして渇望される贈物なのである。月の女神セレネの異名アグラウロス（Aglauros）は牧場をうるおす露の源といわれている月のことだという。[11] 夜露をもたらすのは月の女神だと想像したのであろう。その Aglauros の文字を入れかえた Agraulos はアテナイの初代王ケクロプスの三姉妹のひとりで、そのアグラウロス、ヘルセー、パンドロソスは、それぞれ「(露の) 輝き」「露」「すべての潤い」を意味する精霊なのである。アテナイでは、夏至の満月のころ、アテナ女神の祭儀として、少女たちが戸外に出かけて露をあつめる。この祭はヘルセーポリアすなわち「露あつめ」とよばれていた。ホメロスの『イリアス』に、

　　こういうと心宏きネストルの息子が、馬を曳いてメネラオスに渡せば、こちらの心も和（やわ）らいだが、言うなれば生い茂る麦の畑で、伸びゆく麦の穂に露がおりたよう、そのようにメネラオスよ、そなたの胸も和らいだ　　　　　　　　　　　　　　　　　　　　　　（23, 596 以下）

とある。「麦の穂に露がおりたよう」に人の心も和らぐという比喩に、「生気」を与える露の恩恵への祈りにも似た気持を読みとることができる。このように見てくると、トリグリフの上のミューチュール、6 個のグッタエが 3 列に並ぶそれは、「生気」をもたらす露がさらに面的（3 は平面を示す）に広がること、すなわちピンダロスの「露しけき雲の子なる雨」を表していることになろう。

　アテナイの銀貨のアテナ像の背面には、オリーブの枝と梟のあいだに三日月が描かれている（図 71）。その三日月（新月）はまさに露の恩恵を予祝するシンボルである。

アーキトレーブと柱

　エンタブラチュアはアーキトレーブ、フリーズ、そしてコーニスの主要部に分けられるが、その最下、柱上の大梁となる部材がアーキトレーブである。それは正確に柱の中央で接合される大きな長方形ブロックから成っていて、タエニアによってフリーズと分界される。アーキトレーブのギリシア語 epistylion は「棚状のもの」を意味したことからも、その幅広い帯状部は地上や天空の生命ある存在を受けとめる大地を思わせる。エウリピデスの『クリューシッポス』に、

　　こよなく偉大なる大地(ガイア)とゼウスの高天(アイテール)。
　　高天は神々と人間たちの父であり、
　　大地は潤いをもたらす雨のしずくを
　　受けとりつつ、死すべき者らを生み、
　　草木や、種々の獣たちを生む。
　　　　　　　　　　　　　　　　　　　　　　　　　　　　　　　　　（断片 839）

とあり、またアイスキュロスの『ダナオスの娘たち』のなかで、アフロディテは次のように言っている。

　　聖なる天空(ウラノス)が大地(ガイア)に恋の痛手を与えんと欲すれば、愛欲(エロス)は大地をつかんで、結婚で結ばれることを願わせた。恋こがれる天空から雨が降り注いで大地を孕(はら)ませた。それで大地は人間のために羊の餌やデメテル（穀物の女神）の実り、さらには木々の果実を生み出すのである。露にぬれた結婚から在るものすべてが実を結ぶ。こうしたことを司るのがこの私である。
　　　　　　　　　　　　　　　　　　　　　　　　　　　　　　　　　（断片 44）

　このアフロディテの言葉はゼウスが誕生する前の話であって、ギリシア人は彼らの風土における自然の恩恵をこのような天と地の結婚という神話として理解しようとしたのである。かくして、アーキトレーブはヘシオドスの『神統記』にいう「常久に揺るぎない座なる胸幅広き大地(ガイア)」(117)、そしてホメロスの「ものみな養う大地」の表象となる。

図9　エキヌス（ウニ）の上面と側面

図10　アテナ神殿、南東隅の柱頭、南イタリアのパエストゥム（ポセイドニア）、前6世紀；著者撮影

第 1 章　ドリス式オーダーの象徴性

　ドリス式の円柱はスタイロベートの上に直接立ち、柱礎はない。柱身には胴張り(エンタシス)があり、鋭い稜を接して縦に走る円溝が 20 条付けられる。柱身の上にのる柱頭は正方形の厚板(アバクス)と丸鉢形(エキヌス)と頸部(ネッキング)から成る。ネッキングは普通柱身の上部にある水平の鋭い条溝とエキヌスの下端にある数条の溝形(アニュレット)を含んでいる。

　柱頭のエキヌスはギリシア語の echinos（ウニ）からきているが、アリストテレス『動物誌』(5.5) はウニの生態を詳しく観察していて、食用のウニについても言及している。古代ギリシア人はウニを焼いてから殻内の卵巣を取り出して食べたのであろう。棘のあるウニを火であぶると、棘は燃えてなくなり、甲殻そのものが現れる（図9）。実はその形がアルカイク期神殿の柱頭のエキヌスにそっくりなのである（図10）。ポセイドニアやセリヌスやアッソスなど前 6 世紀の神殿のエキヌスの上端は外へ丸く膨らんだクッションのような輪郭をしていて、頸部のしわのようにも見えるアニュレットも合せて、そのエキヌスの形態は重い荷重を受けた弾性体の反応を可視的に表現しているようである。それは数学的カーブでもなく、幾何学的に求められたカーブでもない。ギリシア人はウニの生体に霊感を得て、その形を柱頭のエキヌスに写し取ったのであろう。[12]

　このことは柱身についても同様である。柱身は下部から頂部へ細くなるが、この 2 点をつなぐ輪郭線は直線ではなく外側に膨らんだ曲線を成している。これがいわゆるエンタシスである。

　その微妙な曲線は、直線にした場合、柱身の中程がそげたように見えるのを防ぐための工夫、すなわち視覚補正あるいは洗練技法だと説明されてきた。しかしそれには異論もあって、エンタシスの本来の目的は、柱が上からの荷重に反応しているように見せるために、柱に生き生きとした弾力性を与えたのであろう、というのである。その曲線は双曲線とか円弧の一部ではなくて[13]、外力に対して内部から外へ現れる微妙な有機的な動き、つまり強靭な筋肉の張りを表現しているといえよう。いみじくもギリシア語 entasis は通常肉体の「緊張」を意味するのである。[14]

　このような支持の状態を視覚的に強調したドリス式の柱は、支柱としての男性巨像テラモネスすなわちアトランテスの抽象表現であって、アトラスを寓意していると見ることができよう。ヘシオドスの『神統記』には、アトラスはゼウスの強制によって「広い天を支えている」(517) とあるが、アイスキュロスの『縛られたプロメテウス』のなかで、プロメテウスは、

西方へ向かって、腕に支えも容易ではない重荷、天地の柱を両肩に背負いながら立っている兄上アトラスの運命を思って胸をいためているのだ。　　　　　　　　　　　（350以下）

と語っていて、アトラスが支える対象が、ホメロスやヘシオドスでは「天」であるのに対して、アイスキュロスでは「天地」である。パウサニアスのオリュンピアのゼウス神殿の記述の中にもゼウスの玉座の内部の壁には、前5世紀中葉に活動したパナイノスによる「アトラスが天と地を支えている」絵があると記している。ヘシオドスの時代、前8世紀からアイスキュロスの前5世紀へのその変化は、前6世紀のドリス式オーダーの成立と深く関わるものであろう。要するに、ゼウスが支配する高天のオリュンポスと天空としてのペディメント、ミューチュールを付すコーニス、地上と地下のあらゆる水を司（つかさど）るポセイドンの象徴としてのトリグリフを含むフリーズ、ゼウスとポセイドンとハデスが共有する大地（ガイア）あるいはホメロスのいう「ものみな養う大地」としてのアーキトレーブ、そしてこのような宇宙全体を支えるアトラスとしての柱、というドリス式の概念形式がアトラスは「天地」を支えるとする観念を生んだのであろう。まず形態があって、ついでそれから観念が生まれたのである。

ヘロドトス（1. 56-57）によれば、スパルタ（ラケダイモン）人は本来ヘレネスであって、ギリシアの北部や西北部をいくども移動したのちに、ペロポネソスに定住してドリス人と呼ばれたのであるが、他方イオニア族系のアテナイ人は古くはヘレネスとは別の言語を話すペラスゴイ族で、ギリシア各地で優勢であったという。ところが実際は、このペラスゴイ族も前2000年ごろ他の東方言語に属するギリシア人の祖先とともに北方より移住してきたのであって、彼らはドリス人その他の最後の侵入だけを記憶していて、それ以前の自分たちの侵入については完全に忘れてしまっていた。そこでドリス人の侵入を受けなかった地域では、アテナイ人が自らを「その土地から生まれた者」（アウトクソネス）と称したように、土地生え抜きの人間だという意識が形成されたらしい。それはともあれ、同じくヘロドトス（1. 58）は、このアテナイ人を代表とするペラスゴイが、ある時点からヘレネス語を話すようになって、言語上ヘレネスに吸収された結果、ヘレネスは強大な民族に発展したと推理している。このような民族の同化作用と軌を一つにして、ペロポネソス北東部で創案された始源的神殿形態から神々が支配する宇宙観が生まれ、ついでその観念から生じた想像力の成長に適応するように、その形態は拡大あるいは洗練され、その発展のなかで全ギリシア的（パンヘレニック）な神殿のオーダーが成立し、その象徴的な価値を獲得した。そのドリス式オーダーの極致がパルテノンだといえよう。

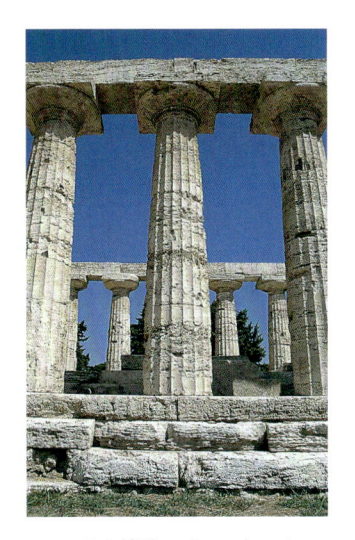

アテナ神殿、パエストゥム

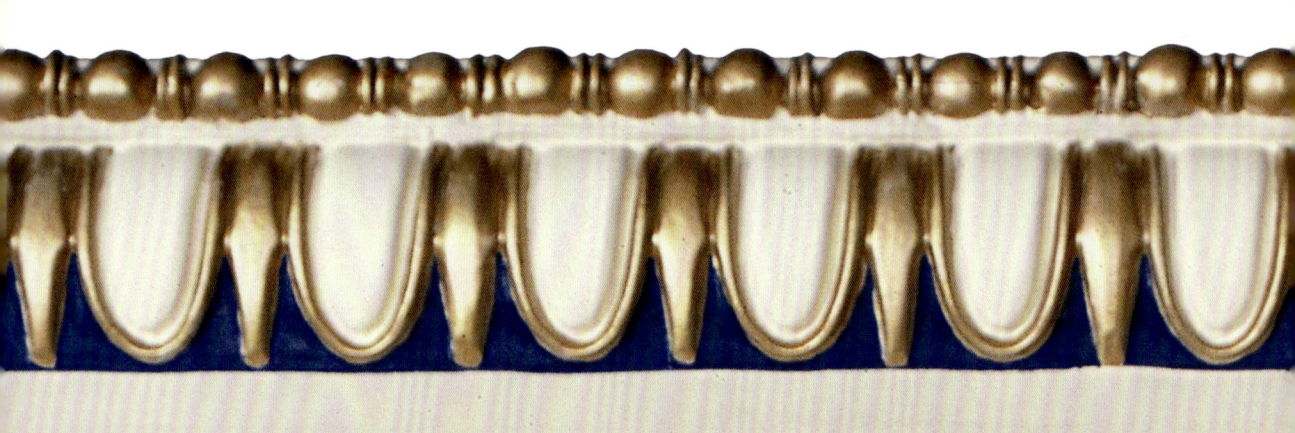

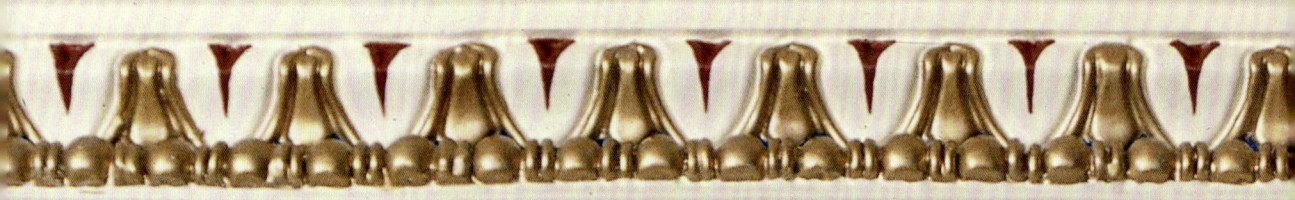

直ちにゼウスは天空から、またオリュンポスからつづけざまに稲妻を投げつけながら飛び出していかれた。その雷電は聖い炎を巻き上げながら、雷鳴と稲妻をともなって彼の力強い手からしきりに飛んだ。

ヘシオドス『神統記』689 以下

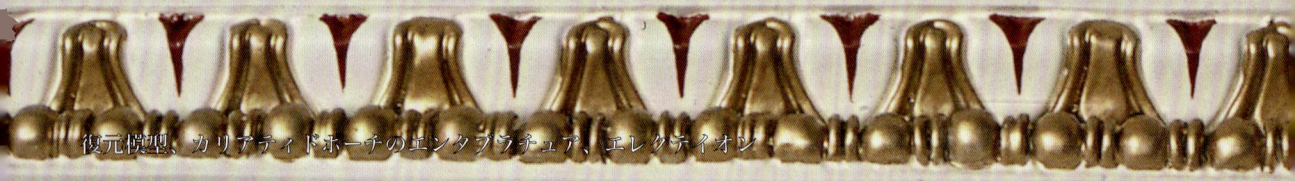

復元模型、カリアティドポーチのエンタブラチュア、エレクティオン

第 2 章　イオニア式装飾の表徴

第2章　イオニア式装飾の表徴

　パルテノンはドリス式の神殿に分類されるが、実は随所にイオニア式の要素が採り入れられている。よく知られているのは、西室（パルテノン、のちに神殿全体の名称となる）のイオニア式と推定される4本1組の円柱と（図11）、ドリス式円柱列の内側、神殿四周の壁上部に走るイオニア式フリーズである（図12）。さらにパルテノンの細部には、注目すべきイオニア式の繰形(モウルディング)と彫琢が見出される。すなわち、それらはミューチュールの下のメアンダー文（ギリシア雷文）にともなう玉縁(アストラガル)の連珠文（図44）、タエニアのメアンダー文（図45）、シーマ・レヴェルサ（反シーマ）の葉舌文（図13）、神殿東西にある壁端柱の柱頭のオヴォロの卵舌文と連珠文（図14）、そしてメアンダー文、連珠文、卵鏃文で装飾されたフレームの円柱廊の格天井などである（図15）。このイオニア式の成立についてのウィトルウィウス（4. 1. 5-8）の説明をまず見てみよう。

図 11　パルテノンの西室、イオニア式円柱の復元図：Orlandos, 前掲書

図 12　パルテノンの西柱廊のイオニア式フリーズ：著者撮影

第 2 章　イオニア式装飾の表徴

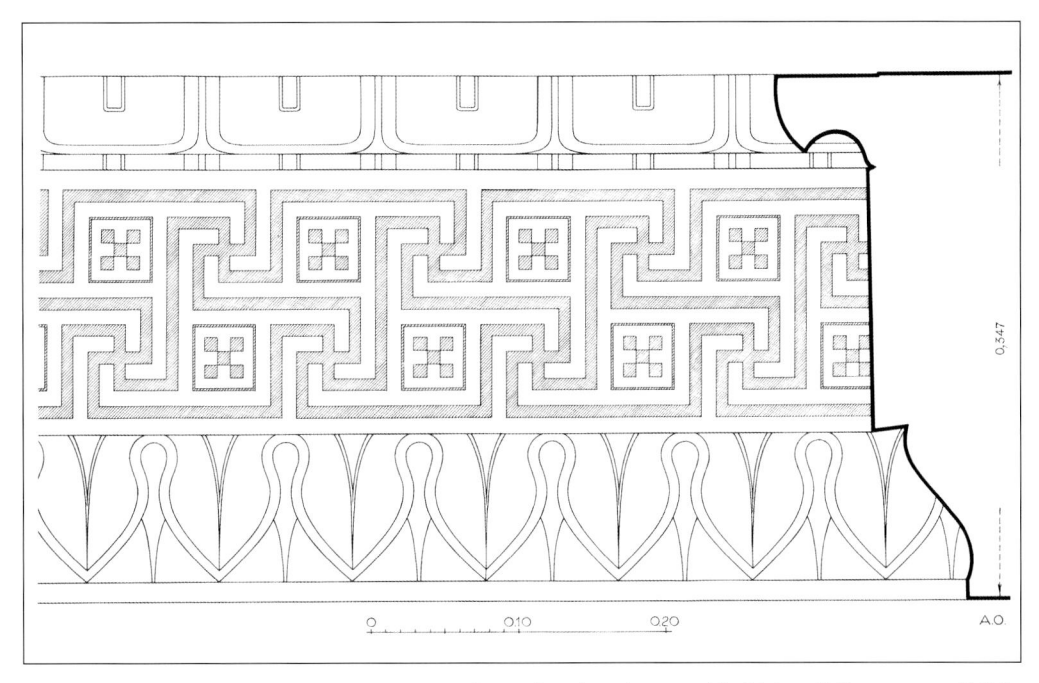

図 13　イオニア式フリーズ上部の鳥嘴、メアンダー文（雷文）、反シーマ（葉舌文）の装飾：Orlandos, 前掲書

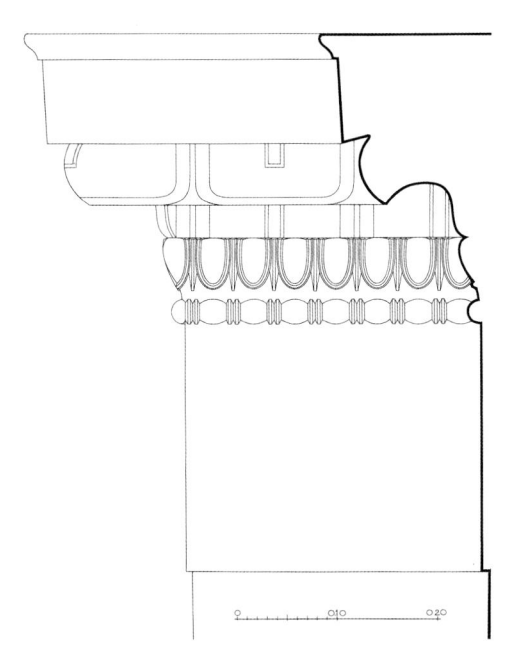

図 14　壁端柱の鳥嘴、オヴォロ（卵舌文）、アストラガル（連珠文）：Orlandos, 前掲書

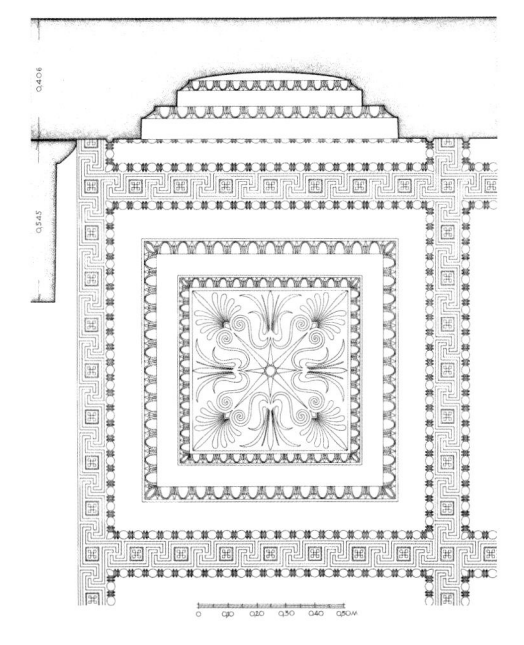

図 15　柱廊格天井の額縁のオヴォロ（卵鏃文）、アストラガル（連珠文）、メアンダー文（雷文）：Orlandos, 前掲書

イオニア式装飾の起源

　ギリシア人がアテナイの指導下に小アジアの西岸地域に植民したとき、その土地を彼らが祖先とするイオンの名をとってイオニアと呼び、そこに不死の神々の聖域を定めて神殿を建てはじめた。最初は男子の身体の比例と強さと美しさをもつドリス式の神殿であった。つまり、男子の身長はその足跡の長さの6倍であることから、その比例を柱に移し、柱脚の直径の6倍を柱頭を含めた柱身の高さとするオーダーである。

　その後、アルテミスの神殿を新しい形式の外観で建てようとして、こんどは婦人の身長と足跡の比を柱に当てはめて、柱身の高さを柱脚の8倍とした。そして、

> 根元に沓の代りに柱礎を置き、柱頭には鬘において左右に垂れ下がっている波打つ巻き毛のような渦巻きを置き、また毛髪の代りにキュマティウムと花房を配して前面を装飾し、柱身全体に女らしく衣裳の襞のような条溝を縦につけた。こうして、一つは飾りのない赤裸な男子の姿から、他は婦人の細やかさと飾りとシュムメトリアをもった姿から、判然と二つに分かれた柱の発想を借用した。　　　　　　　　　（ウィトルウィウス, 4. 1. 7）

　それでこのイオニア人が創った形式はイオニア式と名づけられたという。後世、ドリス式とイオニア式を対比して、男性的で簡素重厚に対する女性的な繊細優美などと形容する修辞はこのウィトルウィウスの言説に端を発している。確かに外観からはそのように解釈することもできるのであるが、ドリス式オーダーの象徴性を前提とすれば、イオニア式のそれにも何か別の意味がかくされているかもしれない。それを闡明するためには、イオニア式創案の背景としてのイオニアとその周辺地域の風土および宗教的、思想的問題についての若干の考察が必要であろう。

　アポロドーロスの『ギリシア神話』(1. 7. 3)によれば、ギリシア人の祖ヘレンとニンフのオルセイスとのあいだに、ドロス、クストス、アイオロスが生まれ、クストスはエレクテウスの娘クレウサより、アカイオスとイオンを生んだ。この2人からアカイア人とイオニア人の名が

由来する。ドロスはペロポネソス対岸の地を得て、自分の名をとって、その住民をドリス人と呼んだ、という。この伝説は後代、特に言語によって分別されたイオニア人、アイオリス人、ドリス人の3系統を説明するために創作されたものであるが、ともあれイオニア人はアカイア人と共にギリシア民族中の古い層に属し、アイオリス人もこれらの民族と親縁関係にある。ドリス人は最も新しく、ミュケナイ文明崩壊後にギリシア北西部からペロポネソス半島に南下した人々といわれ、したがって、このヘレンの子のドロスは昔を忘れた構想によってつくられた人物ということになる。

さて、ギリシア人がイオニア地方に本格的に進出し、定住したのはミュケナイ文明崩壊後の前10世紀以降のことである。伝承によれば、アイオロスの子孫で、アテナイの王族のネレウスがアッティカ在住の人々を率いて海を渡り、この地方へ植民を行ったという。イオニアは、小アジア西岸の中央部、北はヘルモス川を間にアイオリス地方と、南はマイアンドロス川流域南部を境としてカリアに接し、キオス、サモスなどの前面の島々を含む。植民活動は、その後もイオニア系ギリシア人によって波状的に行われ、前8世紀半ばには、キオス、サモス、ミレトス、プリエネ、エフェソスなどの諸ポリスが成立した。ホメロスの詩編はこの頃イオニアでまとめられたと推定されている。

ところが、当然のことながら、ホメロスの『イリアス』にはイオニアという地名は見えない。トロイア戦争は前12世紀頃の出来事だからであろう。『イリアス』第2歌、アカイア（ギリシア）勢の長大な「軍船表」につづく、トロイアの軍勢のなかに、

　　ナステスの率いるのは蛮語を話すカリア人、それにミレトス、樹葉の茂るプティレスの山、
　　マイアンドロスの流れ、またミュカレの険しい尾根に住むものたち。　　　　（2. 867以下）

とあるように、この地域はカリア人の領地であったのである。M. P. ニルソンによれば、歴史時代において、カリア地方のラブランダではラブリスと呼ぶ双斧を持つ神ラブランデウスが崇拝されていて、この神の性格は、ヒッタイトの天空神で双斧と稲妻をもつ姿で表される神、テシュプとの比較によってはっきり定義されるという。[1]

つまり双斧は『北欧神話』のトールの槌と同じく、雷電（いかづち）（厳槌）とみなされるわけである。そういえば、『イリアス』のなかでも、ゼウスは、「黒雲の支配者」、「雲を集める者」、「雨の神」

であるまえに、まず「雷電を投げる者」、「雷鳴轟かす者」、「稲妻を走らす者」なのである。また、ヘシオドスの『神統記』にも、

さて大地はまた不逞(ふてい)な胆もつキュクロプスどもを生んだ。ブロンテス、ステロペス、頑(かたく)なな心のアルゲスがこれで、ゼウスに雷鳴を贈り、雷電を造りやった者どもである。

(138 以下)

とある。
　母なる大地ガイアが生んだ一つ眼の巨人キュクロプスや百腕の怪人ヘカトンケイレスは、父なる天ウラノスから忌み嫌われて、大地の底タルタロスへ閉じ込められてしまう。後にゼウスが彼らを解放することになるが、やはり『神統記』には次のように語られている。

さてゼウスは彼の父（クロノス）の兄弟たちをその恐ろしい束縛から解放なさった。父（ウラノス）が愚かにも縛っておいた天の息子たちを。そこで彼らはゼウスの親切に感謝の気持を忘れなかった。すなわち彼らは雷鳴と燃えさかる雷電と稲妻をゼウスに与えた。これまでは広い大地がそれらを匿(かく)していたのである。ゼウスはかれらを力と頼んで、死すべき身の者どもと不死の神々に君臨したもう。

(500 以下)

　かくして、オリュンポスの神々とティタンの神々との 10 年にわたる戦闘では、ついに大いなるゼウスの矢である雷鳴と稲妻と燃えさかる雷電がティタンを撃破し、彼らをタルタロスの底へ追い落とすのである。そのゼウスが幼少時をクレタ島で過ごしたという伝説はよく知られているが、『神統記』(479 以下) には、彼の母であるレアが産み落したゼウスは、そっとガイアによってクレタのアイガイオンに運ばれ、そこの深い洞窟で育てられたとある。そのクレタ島については、ホメロスの詩句にも「葡萄酒色の大海にクレタなる島、豊かで美しく、そこには数え切れぬほどの人々が住み、90 の町があり」(『オデュッセイア』19. 172) とか、「100 の町あるクレタに住む者ども」(『イリアス』2. 649) とある。このようにギリシアの先史時代には、クレタ島は殷賑(いんしん)を極め、地中海世界において重要な地位を占めていて、カリア地方特にそのミレトスとは密接な関係にあった。

　1901 年、アーサー・エヴァンス卿がクレタ島のクノッソスを発掘したのを端緒として、いわゆるミノア文明の全貌が明らかにされたが、そのクノッソス宮殿には、その壁面に双斧の模

第 2 章　イオニア式装飾の表徴

図16　黄金の牡牛の頭と双斧、前1700〜1400年：イラクリオ考古学博物館、クレタ島：*Papapostolou*, J.A.Crete, knossos-Phaistos-Mallia-Aghia Triadha-Zakros and The Harakleion Museum, Clio Editions.

様が描かれた部屋があったし、またクレタ島の中央アルコロコリの聖なる洞窟からも奉納品としての金銀の双斧が発掘されている（図16）。以下、このような考古学的資料も加えて、ゼウス信仰とその象徴の系統について考察してみたい。

メアンダー（雷文）

　いわゆる雷文であって、直角をなす一連の屈曲と、その反転から成る線形文様。また2つの連続する交差線の例など、いくつかのバリエーションがある。そのようなメアンダーは幾何学様式時代（前900〜800年ごろ）以前からの壺絵に現れるが、ディピュロン出土の葬儀用クラテルのそれも幾何学時代の典型である（図17）。メアンダーは、古代ギリシアのすべての時代を通じて、建築の平面的なモウルディングに、描かれあるいは彫られるかたちで、広く用いられた。

図17　幾何学様式の葬儀用大クラテル、前750年、アテネのディピロン出土：国立考古学博物館、アテネ

第 2 章　イオニア式装飾の表徴

　実は、そのメアンダーなる語は、前出『イリアス』のトロイアの軍勢の詩句にある「マイアンドロスの流れ」に由来するのである。ストラボンの『地誌』(12. 8. 15) の記述によれば、マイアンドロス川の本流はプリュギア地方を通って流れ、「マイアンドロスの平原」でカリアとリュディア両地方の境を限る。それから川はカリア地方のイオニア人が占有しているあたりを流れ過ぎて、ミレトス、プリエネ両市の間で海へ出るが、川はあまりにも蛇行しているため、蛇行していることをすべてその川に因(ちな)んで「マイアンドロス風」と呼ぶほどであるという。この蛇行状の形を指す語マイアンドロスがいつの時代から使われたのかはっきりしないが、それはそれとして、蛇行とかジグザグという表現から連想されるものは蛇とか稲妻である。

　そして稲妻といえば、それはゼウスの3種の武器の1つであるし、カリア地方では双斧を持つ神ラブランデウスが崇拝されていた。さらには、ヒッタイトの双斧と稲妻を持つテシュプ神も思い起こされる。このような蛇行状の形としてのマイアンドロスとゼウスとの関係を解明する鍵は、やはり双斧を王権のシンボルとしていたミノス王家の系譜であろう。

　アポロドーロスの伝承によれば (3. 1. 1-4)、およそこうである。「エウロペはフェニキアの王アゲノルの娘である。王女をゼウスが恋して、馴れたおとなしい牡牛に変身し、彼女を背に海を渡ってクレタ島に連れていった。そこでゼウスは姿を現わし、彼女と床をともにし、女はミノス、サルペドン、ラダマンテュスを生んだ。クレタの支配者アステリオスはエウロペを娶って、彼女の息子らを育てた。しかし彼らは成長すると、ミレトスと呼ぶ少年をめぐって互いに争い、ミノスが勝利を得て、サルペドンはリュキアの王となり、ラダマンテュスはボイオティアに亡命した。サルペドンに好意を寄せていたミレトスはカリアに渡って、そこに自分の名を与えたミレトス市を興した」。クレタ島と東方ことに小アジアとの密接な交渉をうかがわせる伝承であるが、サルペドンはのちにトロイア戦役でトロイア方に加担して奮戦している。

　一方ミノスは、アステリオスに嫡子がなかったので、クレタの王にならんと欲し、ポセイドンに供犠して、海底から牡牛が現れるように祈り、それが叶えられれば、その牡牛をポセイドンに捧げることを誓約した。神は彼に見事な牡牛を与えたので、彼は王国を獲得したが、これを種牛として残して、代りに別の牛を犠牲に捧げた。この違約にポセイドンは立腹し、その牡牛を狂暴にし、しかも王妃パシファエの心にこの牡牛への欲情を抱かせた。パシファエは名匠ダイダロスに木製の牝牛を作らせ、その中の空洞に身を入れて牡牛と交わった。かくて生まれたのが牛頭人身の怪物ミノタウロスである。ミノスは神託にしたがってこの怪物を迷宮(ラビュリントス)に

閉じ込めておいたが、その迷宮はダイダロスが造った「もつれにもつれし紆余曲折に出口を迷わす」宮殿であった。

　このミノスの伝説は、クレタ王家がゼウスの後裔であることを物語っていると同時に、ゼウスが身を変じた、またポセイドンがミノスに与えた牡牛がそうであるように、聖なる牡牛ことにその一対の角が王権の象徴であることを暗示している。もう一つ注目したいのは、ミノタウロスは別名アステリオスと呼ぶことである。この名はゼウスの子、ミノス王ら3人を育てた先王アステリオスと同名なのである。このことは何を意味するのか。

　Asterios の語はみずから光を放つ恒星のような輝きを意味し、この語はゼウスの別号 Asteropetes「稲妻を走らす者」と語源的には同根である。またカリア地方の神ラブランデウスが持つ labrys（双斧すなわち雷電）と labyrinthos（迷宮）の関係も同じである。そうだとすれば、迷宮はゼウスの稲妻の暗喩あるいはその形象化だといえよう（図18）。

　前4世紀末のクレタの貨幣には、迷宮を表徴するメアンダー文を中央に、左にはヘシオドスがいう「大いなるゼウスの矢」、右には雷電が描かれている（図19）。これら3つの題材はゼウスを象徴的に表す不可分のモチーフなのである。その稲妻を表すラビュリントスの図文がのちに帯状に描かれるようになると、著しく屈曲して流れるマイアンドロス川の名が稲妻のパターンを指す語になった。それはマイアンドロス川がただ屈曲する川であるということだけではなく、それが雷神信仰の篤いカリア地方を流れる川であったからであろう。

　ところで、シュリーマンが発掘したトロイ遺跡では、初期青銅器時代の地層からおびただしい数の紡錘車形のテラコッタ片が出土している。その表面には実にさまざまな幾何学文様がきざまれているのであるが、その中に、卍字文（swastika）とジグザク文がそれぞれ別個にあるいは同一面に描かれている（図20．No. 124，160，361）[(2)]。

　swastika という語はサンスクリット（梵語）の吉祥瑞兆を意味する svastika に由来する。言うまでもなく、サンスクリットはインド・ヨーロッパ語に淵源する古代インドの言語であるが、この言語によって綴られたインド最古の聖典『リグ・ヴェーダ』は前1500年頃インドに侵入したアーリア人が伝えたと考えられている。それでインドでも卍字文はヒンドゥー教や仏教の聖なる標章として広く用いられてきたが、興味深いことに、『リグ・ヴェーダ』のなかの最高

第 2 章　イオニア式装飾の表徴

図18　ミノタウロス／ラビュリントス（迷宮）、425〜400年ごろ：大英博物館，Jenkins，前掲書

図19　様式的なラビュリントス（中央）、雷電（右）、矢じり（左）、クノッソス、前320/10〜280/70年：貨幣博物館，アテネ

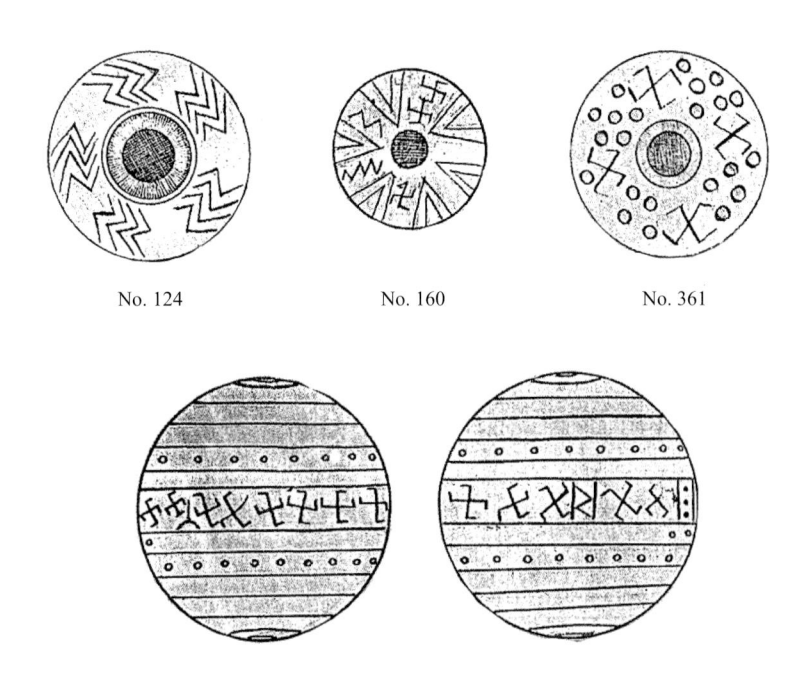

No. 124　　　　　No. 160　　　　　No. 361

No. 541

図20　テラコッタに描かれたスワスティカ（卍）文とジグザグ（山形）文、トロイ遺跡出土、実物大の2/3、番号は原書による：H. シュリーマン、中島篤巳訳『トロイ遺跡図譜』、2002

位の神はインドラという神なのである。この神は宇宙の王者で勇敢なアーリア戦士を迎える極楽の支配者であって、霊薬のソーマを飲んで鋭気を養い、その巨大な体軀によって宇宙を圧する。インドラの武器は雷電（金剛杵）と稲妻である。それを手に、暴風神マルトたちを従えて天空を駆けめぐり、悪竜プリトラを退治し、人間界に水と光明をもたらした。[3]

　この神の属性はゼウスのそれに酷似しているが、インドラの持つバジュラは伝説上の賢人ダドヒャチャの骨で作られ、その形は円盤状であったとも、あるいは2つの電光が互いにX状に交差する形であったともいわれている。これら2つの形状を合せると卍形となろう。このシンボルは十字の先端が同じ方向に回転するように直角に曲っているのを特徴とするからである。[4]
つまり、『リグ・ヴェーダ』において、バジュラは概して雷電であるが、またインドラから遠心的に発せられる稲妻も寓意していたのである。元来そのシンボル卍はバジュラまたはビデュトとよばれたが、のちに人類に水と光明を与えたインドラの偉業を称えてスバスティ（幸福・幸運）のしるし、すなわちスバスティカ（スワスティカ）という名称になったのであろう。

第 2 章　イオニア式装飾の表徴

　このように卍の起源をたどった上で、あらためてトロイ出土のテラコッタ片の文様を見てみると、その卍字文はインドラのビデュトやゼウスのラビュリントスと同じ雷神の表象だと認めねばならない。

　トロイアの高山イデは、『イリアス』の中で、ゼウスが好んで訪れる山嶺として、例えば第 8 歌に、

　　　明知のゼウスはイデの山並みから三たび雷を鳴らし、戦いの流れは変って、勝利はトロイア方に移るとの予兆を示した。　　　　　　　　　　　　　　　　　　　　　（8. 170 以下）

などと語られている。またクレタ島の同名の高山イデも霊峰として聞こえ、一部の伝説では、レアはそのイデの山の洞窟でゼウスを生み落としたとある。

　トロイ遺跡では、テラコッタ製の球も出土していて、その 1 つにも卍が 13 個不規則に並んで描かれている。これらを 2 つの連続した交差線に整えれば、まさに典型的なメアンダー文になるであろう（図20, No. 541）。

　すでに見たディピュロン出土の葬儀用クラテルの上部、被葬者の右に 3 個の卍字文が描かれているが、アルカイック期のコリントの貨幣にも卍字文のような形が刻印されている（図21）。これらの例は古典期のメアンダーが卍字文から発展したことを示している。

図21　ペガソス、下に Kappa（コリント）の字／スワスティカ（卍）形、コリント、前 550 〜 525 年：大英博物館, Jenkins, 前掲書

実は図 21 の貨幣の別面には飛び立つようなペガソスと、その下にコリントのイニシアルが刻まれているが、この神話の有翼馬については、ヘシオドスの『神統記』は次のように語っている。

　さて、ペルセウスがメドウサの首をはねると、そこから大いなるクリュサオルと馬ペガソスが躍り出た。この馬にその名がついたのは、大洋の泉のほとりに生まれたからで、他はその手に黄金の剣をもっていたことからその名があった。さてペガソスは羊らの母なる大地をあとに飛び立ち、不死の神々のもとへと行き加わった。いま彼はゼウスの高館に住み、賢いゼウスのもとへ雷鳴と稲妻をもち運ぶ。　　　　　　　　　　　　　　　（280 以下）

この伝承を根拠とすれば、卍字文のような形はまさに稲妻(ステロペ)であって、メアンダーの原型とみなされよう。

繰形と彫琢

　ギリシア本土における古典時代のイオニア式オーダーでは、普通 24 本の縦溝(フルート)のある柱身が、上下いくつかの半円形繰形(トルス)からなるベースの上に立つ。柱頭は一対の渦巻形で、その上に薄いアバクスが付いている。

　エンタブラチュアの最下部、アーキトレーブは前方にわずかにせり出した 3 層のファスキアとなっている。フリーズは連続した浮彫り装飾帯で、その上に突出したコーニスがのる。しかし、小アジアではフリーズはなく、アーキトレーブの上に歯形飾りを付けたコーニスがのる形式が見られる。パルテノンが前 436 年に完成後、古アテナ神殿にかわって新たに建てられたエレクテイオン（前 421 〜 406 年）はイオニア式オーダーの最も美しい作例である。この神殿の南側のポーチコは 6 体の乙女像、いわゆるカリアティドが独特の意匠のエンタブラチュアを支えている。というのは、それにはイオニア式を特徴づける繰形と彫琢のすべてが施されているからである。それらは、すなわちオヴォロ（卵舌文）、シーマ・レヴェルサ（葉舌文）、そしてアストラガル（連珠文）であるが、その繰形の装飾帯は前方へしだいに張り出すエンタブラチュアに、3 つの層をなして配置されている。しかも、その 3 つの装飾帯のあいだには、ギリシア本

第 2 章　イオニア式装飾の表徴

図 22　カリアティドのポーチコ、エレクテイオン：著者撮影

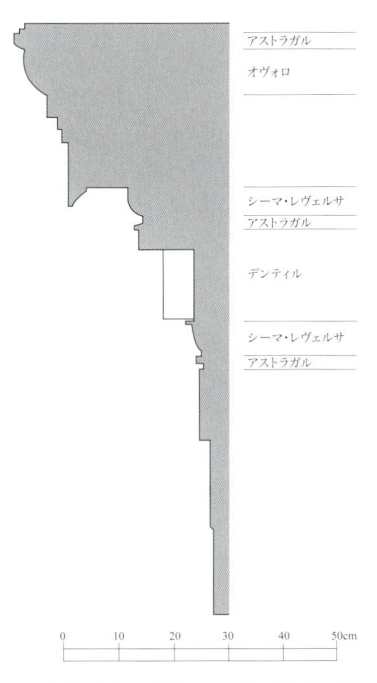

図 23　カリアティドのエンタブラチュアの断面図：J.Durm. *Die Baukust der Griechen*, 1910, Leipzig. による

図 24　エンタブラチュアの復元模型（塗色はパルテノンの配色に準ずる）

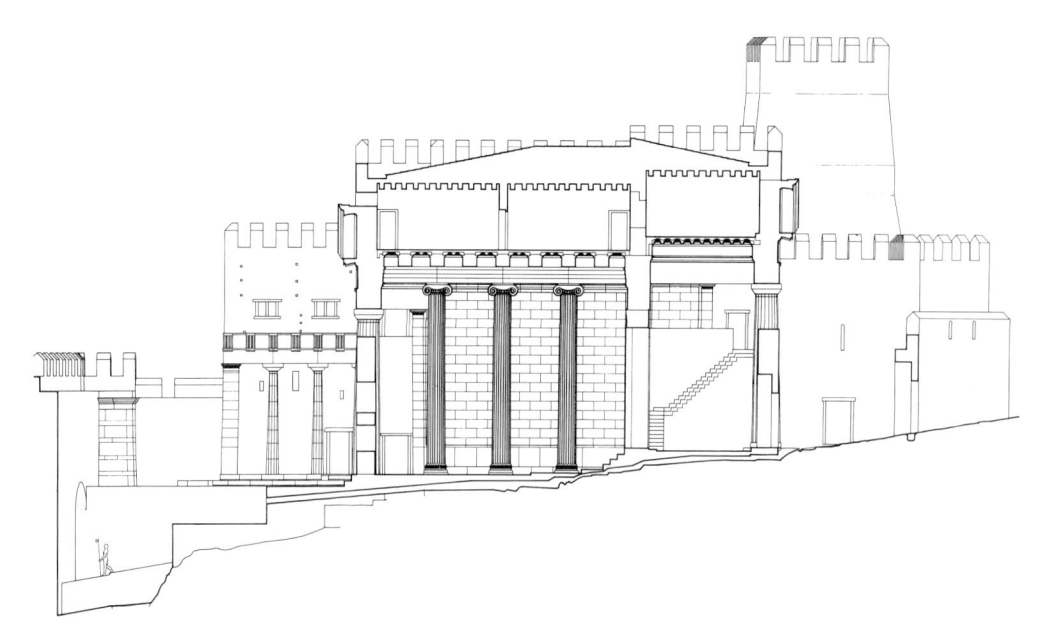

図 25 フランク帝国期のプロピュライアの復元図（A. Tanoulas による）：M.Brouskari, *The Monuments of the Acropolis*, 1997: Archaeological Reciept Fund.

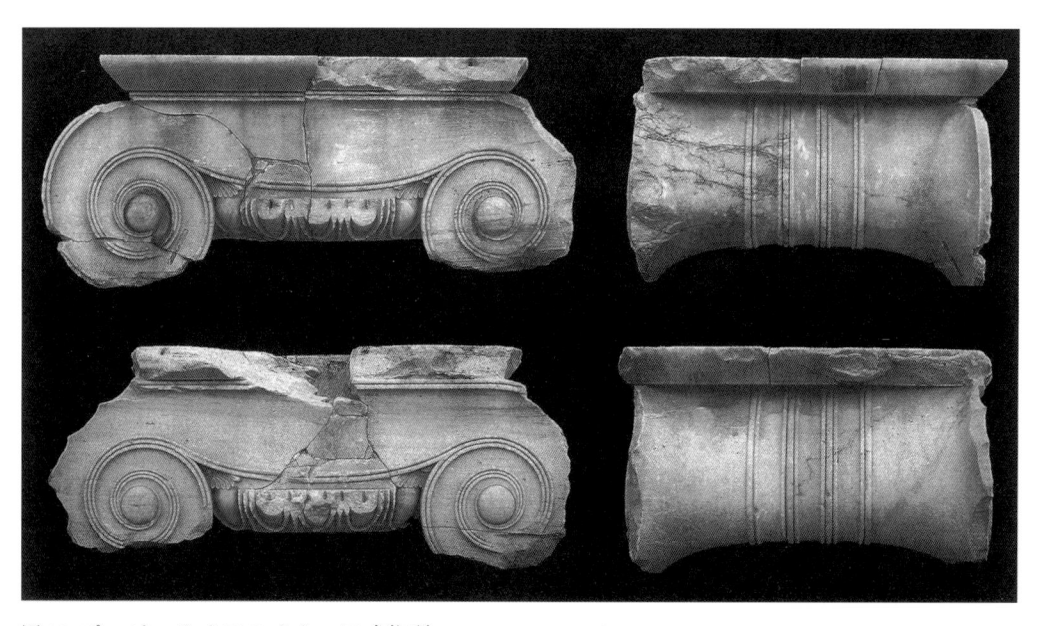

図 26 プロピュライアのイオニア式柱頭：*Ta Erga Stem Athenaike Acropole*, 2001, Athens: Commitee for the Preservation of the Acropolis Monuments / Archaeological Receipts Fund.

第 2 章　イオニア式装飾の表徴

図 27　プロピュライアのイオニア式柱頭の復元模型（ペンローズの実測図に基づく）：*An Investigation of the Principles of Athenian Architecture*, 1888, London.

土では例を見ない歯形飾りが付いているのである（図 23, 24）。

　アテナイのアクロポリスの入口の門、プロピュライア（前 437 〜 432 年）は、東西両面のポーチコがドリス式 6 柱プロスタイルの建物であるが、中央通路の左右には各々 3 本のイオニア式の柱が立っていた（図 25, 26）。ここでは、上記のカリアティドの繰形と彫琢、およびプロピュライアのイオニア式柱頭の復元模型（図 27）の観察を通して、イオニア式の創案の動機と個々の装飾の意味について考察してみたい。

イオニア式柱頭

　柱頭はその正面と背面に一対の渦巻をそなえており、渦巻の側面は中央がくぼんだリールのような枕状のもので連結される。渦巻は卵舌繰形を刻んだエキヌスの上にあり、渦巻の上の薄いアバクスによってアーキトレーブを支える。そして、しばしばエキヌスの下は連珠文のアストラガルで飾られるが、プロピュライアのそれにはない。

A
Jonisches Kapitell von Neandria.

B.
Aeolisch-jonische Ordnung (Neandria).

図28　アエオリス式柱頭、前7世紀後期〜6世紀初期：Durm, 前掲書

　その渦巻の柱頭はエジプトの蓮華文様に由来し、エジプトからアッシリアを経て小アジアへ至る過程で、さまざまな改変を受けたものである、といわれる。小アジアのネアンドリアから出た、いわゆるアエオリス式柱頭は最も典型的な例で、イオニア式の原型とも見なされる（図28）。

　それは2つの冠状葉飾の上のトルスから立ち上がる2つの大きな渦巻とその間の扇状パルメットからなっていて、紛れもなく植物の渦巻を表している。この2つに分かれた渦巻を上端接線方向に結合し、これを卵舌文を刻んだエキヌスの上に置いたとき、イオニア式柱頭の基本形式が成立した。そして、それは植物をモチーフとするアエオリス式柱頭とは異なる新しい意味を獲得したと考えられる。

　渦巻の連続文様は、すでに初期キュクラデス期（前2500〜2200年）にシロス島出土のフライパン形容器に見られ（図29）、後期ヘラディック期（前1600〜1100年）には、ミュケナイやクレタ島出土の宝飾品類、彫刻、家庭用品にしばしば表されている。そして建築としては、ミュケナイのアトレウスの宝庫（またはアガメムノンの墓）が挙げられよう（図30）。

第 2 章　イオニア式装飾の表徴

　その建物の正面、高さ 5.4m の入口の両側には緑色石灰岩製の 2 本の半円柱があって、その柱身は数珠状の細い帯と連続渦巻文（巻波文）が交互に並ぶジグザグ形線条で装飾されていた。そして入口の楣の上辺に沿って、下から 1 列の円盤飾り、連続渦巻文、半円ロゼッタのフリーズを刻んだ緑石の帯があり、その上の三角形の部分には濃赤色の板石がはめられ、表面には連続渦巻文の 3 つの緑石の水平帯が刻まれていた。そして、三角形の両側にはその下の柱のような半円柱が立っていたようである。図 31 は大英博物館のために描かれたその復元図である。

図 29　フライパン形の粘土製容器（渦巻の連続文様の中に船が描かれている）キュクラデス、前 2500 〜 2200 年：国立考古学博物館、アテネ

図 30　アトレウスの宝庫の正面、ミュケナイ、前 13 世紀ごろ：著者撮影

図31 アトレウスの宝庫正面の復元図（左）、連続渦巻文と稲妻形線条で装飾された半円柱（右）：大英博物館
Higgins, *R.Minoan and Mycenaean Art*, 1997, Thames and Hudson, London.

　これらおびただしい数の渦巻文はいったい何を意味しているのであろうか。そしてイオニア式柱頭の渦巻にはこの青銅器時代以来の渦巻文に対する特別な観念が反映されているように思えるのだが、この問題を解くためには、イオニア式繰形と彫琢の意味を含めて総合的に考察する必要があろう。

オヴォロ（卵舌文・卵鏃文）

　その断面が単一の凸状曲線をなす繰形で、卵舌文または卵鏃文で彫琢される。古代ギリシア語では、繰形を総称して、キュマティオンというが、卵舌文はイオニア式であって、また kanon ton oon とか onyx と呼ばれた。前者は「卵のパターン」のこと、後者はゼウスの神意を

伝えるという鷲の「爪」を意味する。爪の形を舌文と称したのである。パルテノンの周柱廊の格天井では、そのフレームのオヴォロに卵舌文ではなく卵鏃文、すなわち矢尻が描かれていることに注意したい（図49）。

シーマ・レヴェルサ（葉舌文）

　上方が凸状、下方が凹状の曲線をなす繰形で、葉舌文で装飾される。これはレスボス式キュマティオン（通常は flaskofyllo）と呼ばれる。オヴォロが全体的に膨らんでいる繰形であるのに対して、シーマ・レヴェルサは上でふくらみ、下ではくぼむ繰形であって、その特徴は彫琢された形によっていっそう強調されている。アイスキュロスの断片「来い！　誰かに三角形のリズムのレスボス風繰形の天井をうまく完成させよ」（39. 78）という台詞があるが、レスボス式繰形すなわち Kymation は Kima（波）の語に由来し、波の動きを表しているのである。その波形繰形の断面形が三角形に近似しているので、「三角形のリズム」といっているのであろうか。

　ところで波といえば、『イリアス』第21歌に、トロイア勢を追撃するアキレウスが、スカマンドロス河で、河神が起す激流と大波に苦しめられる場面がある。例えば、

　　河は波を膨らませて激しく彼に迫り、すべての流れをかきまぜて盛り上がらせる。偉大な
　　る河神は追及の手をゆるめず、黒々とした波頭を立てて襲いかかり……　　　　（21. 248）

などとあって、恐ろしい波の様相をまことにリアルに表している。このような詩的描写が造形的表現を触発したのかもしれない。しかし、この波形繰形が卵形、葉形、舌形などの彫琢となぜ結びつくのか、という問題が生じる。ここでは、波は水の流動現象であるが、波浪は風が起し、風は気象すなわち大気の現象であることに注意しておきたい。

アストラガル（連珠文）

　その断面がほぼ半円形の繰形で、珠形あるいはやや細長い珠形と算盤珠形（1組2個）を交互に連ねたパターン、いわゆる連珠文の彫琢が施される。アストラガルは通常オヴォロとシーマ・レヴェルサの下にあるが、エレクテイオンのカリアティドでは、コーニスのいちばん上にもある。アストラガルのギリシア語、アストラガロスは元来脊椎骨、特に頸椎骨のことをいっ

たが、古代ギリシア人が、その形状から類推して、建築装飾の一部の名称にこの語をあてたのはおもしろい。エレクテイオンの碑文にもこの語はしばしば見出されるが、その1例、「アストラガルの栓接合で、とくろ鉋で仕上げたことに、37ドラクマ」(11, col. 3) とあるのは工賃の明細に関する記録である。

雷現象のイメージ

　宇宙の事象を事象それ自体がもっている形と成り立ちにおいて、論理的に観照しようとしたのはギリシア人である。ソクラテス以前の哲学とよばれるその思索は、先進文明国であるアジア諸国との接触が密接であった小アジアのイオニアにおいて、前6世紀ごろに始まった。この時期の哲学は自然を対象とし、自然のうちに存在する根源的要素を探究した。タレス（前624ごろ〜546年ごろ）はその要素を水と考え、世界は生きた（生命をもつ）ものであり、神々に充ち満ちているとした。また、アナクシマンドロス（前610ごろ〜546年ごろ）はそれを無限定なものとし、アナクシメネス（前585ごろ〜528年ごろ）は空気であるとした。そして、前6世紀から5世紀にかけてのヘラクレイトスは、火が万物の構成要素であり、万物は火の稀化と濃化によって生じるところの火の交換物であるとし、世界は一定の周期に従いながら、交互に、火から生まれてまた火へ帰る、と主張した。また、彼は「万物を雷電が舵取る」、すなわち雷電が世界総体を導き支配する原因だと言ったという。すでに見たように、ヘシオドスの『神統記』には、大地がブロンテス、ステロペス、アルゲスというキュクロプスどもを生み、彼らがゼウスに雷鳴と稲妻と雷電（アルゲスと同義）を与えたという。

　そこでは、雷現象はすべて擬人化されているが、その3つの自然現象そのものははっきりと認識されているから、初期の哲学者たちがたずねた問題は、すでにヘシオドスの詩作のうちに準備されていたといえよう。彼らはヘシオドスの語ったような神話上の神々の名前や、結婚と誕生による擬人的な説明方式を棄去し、自然を自然によって合理的に説明するという態度を打ち出したのである。

　さて、アナクシマンドロスが、「雷電は、風が雲に突入してそれを引き裂くときに起こる」と言ってから、およそ2世紀後、アリストテレス（前384〜322年）は、『気象論』(2. 9-3. 1) の

なかでつぎのように考察している。

> 蒸発物は2種類で、1つは湿ったもの、1つは乾いたものであり、両者の結合物（空気）は可能的にこれら2つのものを含んでいて、それが凝結すると雲になる。 (369 a 13 以下)

> 熱は本性上、上へ向かって運動するから、これらのものは逆に濃い雲からの押し出しが起こって生じるものでなければならない。……上界へ去っていった熱はやがて消えていくが、乾いた蒸発物のうちのあるものは、変化して冷たくなった空気（雲）の中に閉じこめられている。するとそのようなものは、雲の凝結が進むにつれて外に投げ出され、その強制的な運動によってまわりにある雲にぶつかるが、この衝突が雷鳴と呼ばれる音を生ぜしめるのである。……この音は、雲の形が不定であるために、あるいは濃さが一様でなく、中間に穴があるために種々様々である。 (369 a 21 以下)

> 押し出された風（蒸発物）は、たいていのばあい僅かの火で燃え付くが、まさにこれが稲妻と呼ばれるものなのである。これは落ちてくる風（蒸発物）がまるで着色されているかのように見えるときに起こる。 (369 b 5 以下)

> 大量の微細な風（蒸発物）が雲自身のなかで押し出されると、それが落雷（雷電）となる。しかしそれがいっそう微細で、そのためものが焦げないときは、詩人たちが「きらめく」と呼ぶものになり、他方それがあまり微細でなくてものを焦がすときは「煙を吐く」と呼ぶものになる。 (371 a 19 以下)

> 風（蒸発物）の（雲からの）分離が少しずつなされ、あちこちに分かれ、ある間隔をおいてひんぱんに行なわれ、急速にひろがり、かつきわめて軽いときに、雷鳴と稲妻が生じる。しかしそれが塊をなし、いっそう濃いとき、すなわちいっそう重いときはハリケーンが生じる。 (270 b 以下)

> 雲のなかで分離した風（蒸発物）が（その雲のなかにある）他の蒸発物と衝突すると……流れる物体の先頭の部分は、門が狭かったり、風が逆の方向から吹いてきたりするために妨げられてわきへ押しやられ、その結果風の円環状の渦が生じる。 (370 b 18 以下)

……竜巻は、渦の抵抗によって起こるが、らせん状の風が自分はそこから離れることのできない雲をいっしょに運びながら大地へ落ちるときに生じる。　　　　　　　　(370 a 11 以下)

　アリストテレスによる以上の解説は、雷が電位差による放電現象とする近代物理学の認識にはほど遠いけれども、その現象そのものに対する観察はまことに精確である。実はこの雷現象の認識とよく似ていて、しかももっと具体的な説明が、アリストパネスの『雲』の劇中問答に見られるのである。『雲』は前423年に初演されたので、『気象論』が著された時 (前340年以後) からおよそ1世紀前のことになる。つぎに引用する部分は、無学な田舎親父ストレプシアデスと劇中人物、ソフィストの代表格ソクラテスとの滑稽問答であるが、その内容はきわめて真面目なもので、自然哲学の理論がまさに劇的に展開されている。ソクラテスの説明を中心に要約するとこうである。

　問答はまずソクラテスの「ゼウスなんかはいない」という発言から始まる。これに対して、ストレプシアデスは「それでは誰が雨を降らすのか」と問うのに、ソクラテスは、

　　雲が雨を降らせるのだ。……一体雲なしに今までに雨の降るのを見たことがあるか。そうでなければ、雲がよそへ行っている間に、ゼウスが青天から雨を降らすはずだ。(366 以下)

と答える。「しかしそれなら雷を鳴らすのは誰か」との問いには、

　　それは、この雲が転がり廻って、雷鳴となるのだ。……雲が多量の水にみたされて、必然的に運動するようになると、雨をいっぱいに含んで空高くより垂れ下がり、必然的に重くなって、互いに激突し、破裂してひどい音を出すのだ。……そういう運動を雲に必然的にさせるのは、ゼウスではなくて、高天の渦巻(ディーノス)なのだ。　　　　　　　　　　　　　　(374 以下)

と説明し、その証拠としてつぎのような譬(たと)え話をする。

　　おまえを例にとって教えよう。パンアテナイア祭にスープをいっぱい取り過ぎて、腹が変になり、突然ごろごろ鳴り出したことがなかったか。……こんな小さな腹からでもあんな音を破裂させたのだ。ところが大気(アエール)は果てしないから、雷鳴が大きいのは当たり前ではないか。それで雷鳴(ブロンテ)と屁(ポルデー)の2つの言葉は似ているのだ。　　　　　　　　　　　　(385 以下)

それでは、「雷電はどこから来るのか」との質問にはこう答える。

> 乾いた風が上昇して、雲の中に閉じこめられると、それは雲をまるで膀胱のようにふくらます。そうすると当然圧力で雲を破り外へほとばしり出る。そしてついにその運動の衝撃力によって、自分で自分を燃焼することになるのだ。 （404 以下）

この説明に、ストレプシアデスはこれに似た自分の体験を語って納得するのである。

> 本当だ。とにかくわしも、いつかディーアシア祭の折にこの目にあった。家の者たちのために腸を焼いていたが、うっかり切れ目を入れておかなかった。それでこれがふくれてきて、突然破裂したのだ。わしの両の眼にじかにぶつかってきて、顔は糞でよごされ、火傷するという始末だった。 （408 以下）

この問答では、雷現象が卑近な例に照らして説明されているので、むしろそれはアリストテレスの学説よりも説得力のある議論となっている。その自然哲学の説明が当時の民衆にどの程度理解されたかはわからないが、そういう新しい観念は進歩的な教養階層のあいだには、かなり以前から流布していたと推測される。あるいは、タレスをはじめとするイオニアの哲学者たちが輩出するころから、彼らは雷という自然現象を観念としてよりも、むしろ『雲』の劇中問答のようにイメージとして感得していたのかもしれない。おそらくそれはイオニア式繰形や彫琢の創案と軌を一つにするものであろう。

こういう想定のもとに、アリストテレスの所説と『雲』の問答を再吟味してみたい。そこで、まずエリスのオリュンピアの貨幣の意匠を見てみよう（図32）。その表は蛇をからませて飛ぶ鷲、裏は装飾的な雷電を表しているが、言うまでもなく、鷲も蛇も雷電もゼウスの表徴である。その雷電の両先の横には揺らめく炎のような線条が描かれていて、それはヘシオドスが言った「燃えさかる雷電」そのものである。『雲』の「自分で自分を燃焼する衝撃力」と説明される雷電の観念はこの貨幣のようなイメージに基づいているとも考えられる。

つぎはオヴォロの卵舌文である。すでに見たように、この繰形は全体的に膨らんでいて、しかもエレクテイオンのように、しばしばそれは卵形に彫琢される。これはまさに「閉じこめられた乾いた風」、アリストテレスのいう「蒸発物」によって「膀胱のようにふくらんだ雲」で

図32　蛇をからませて飛翔する鷲／装飾的な雷電、エリス、前510〜200年：大英博物館, Jenkins, 前掲書

ある。——そしてその雲の中の圧力あるいはエネルギーが雷電として放出されると、当然雲は風船がしぼんだようになる。それが上では膨らみ下ではくぼむ繰形、すなわちシーマ・レヴェルサに葉舌文であって、両者の繰形にある舌形は放出直前直後の雷電ということになろう。

雷鳴については、劇中のソクラテスは、アリストテレスの説明のように、それは乾いた風が閉じこめられ、凝縮した雲が互いに衝突して起きる現象と考えているようであるが、また、それは「雲が転がり廻って、雷鳴となる」とも言っている。これはどういうことか。この点に関してはアポロドーロスのつぎの伝承が注意を引く。

> アイオロスの子、サルモネウスは自分がゼウスであると称し、その奉納物を奪って自分に捧げることを命じ、乾いた革を青銅の釜とともに戦車で引っぱって雷鳴であると称し、空にむかって火のついた炬火を投げて雷光を発している、と言った。しかしゼウスは雷電で彼を撃ち、彼の建てたエリスの町とその住民をすべて滅ぼしてしまった。　　　　　(1. 9. 7)

乾いた革の束や青銅の釜が、からから、がらがらと音をたてて転がるのを雷鳴に擬したという話である。雲が転がり廻って雷鳴となるという発想はこのような聴覚体験に基づくものと思われる。そうだとすれば、アストラガルの連珠文は雷鳴を表していることになる。アリストテレスは雷鳴の音は種々様々であると言っているが、ビーズすなわちボール状のものの音と、リールすなわち車輪のようなものの音とを視覚化しているのであろう。またアリストテレスは、「雷鳴は稲妻に先行して生じるが、われわれには稲妻が雷鳴より先に達する」という認識

を示している (369 b 1-10)。つまり光が音より速いというわけである。アストラガルは原則的にオヴォロとシーマ・レヴェルサの下にあるのはそれを意味しているのであろう。ところが、エレクテイオンのカリアティドでは、コーニスの最上部、オヴォロの繰形の上にアストラガルが走っているのである。そしてコーニスの下には、歯形飾りを中にして、2列のシーマ・レヴェルサとアストラガルの装飾帯が配される（図23, 24）。そのエンタブラチュアの意匠にはどのような作意がこめられているのか。つぎのごとく読みとることもできよう。すなわち、最上部のアストラガルは天空高くに鳴る遠雷である。にわかに雷雲が厚く空を覆い、いまにも雷電が放たれんばかりである。ついに雷雲は互いに激突し、破裂して雷電を放つ。それがしだいに地上に近づいてくる。そんな光景が想像される。

さて、劇中のソクラテスは、雲の雷現象を起こすのは「ゼウスではなくて、高天の渦巻なのだ」と言っているが、アリストテレスは気象をさらに分析して、雲の中の風（蒸発物）の密度が薄いときには、雷鳴と稲妻が生じるが、それが濃く重いときにはハリケーンになる、という見解を示している。したがって、これまでの考察の結果として、イオニア式柱頭の渦巻は風あるいは大気の渦巻を表していることになる。その上端接線方向に結合した2つの渦巻はそれらがさらに大きな渦になるのを暗示しているし、渦巻側面の中央がくぼんだリールのような枕状の形は竜巻の形態を連想させる。そして何よりも、渦巻の目はまさに台風の目である。それ故、上昇気流を思わせる細い柱身、そして渦巻の下のエキヌスと上のアバクスを飾るオヴォロとアストラガルも含めたイオニア式柱頭全体が、雷を生ぜしめる広大無辺の大気現象の造形表現だといえるであろう。

その意匠の動機には、カリア地方の双斧を持つ神ラブランデウスの信仰が深くかかわっていたと考えられるし、また意匠そのものは先述アトレウスの宝庫正面の柱のそれに淵源するのであろう。その柱身は数珠状の細い帯とそれと交互の連続渦巻文（巻波文）がジグザグ形に装飾されていたが、そのジグザグ状の線条はまさに稲妻で、細い帯の中の数珠は雷鳴を表しているように見える。そうだとすれば、連続渦巻文は大気の渦であろう。

歯形飾り

イオニア式オーダーにおいて、コーニスの敷繰形の下、歯の並びに似た、小さな直方形ブロックの装飾帯であるが、ウィトルウィウスは次のように説明する。

> ドリス式でトリグリフとミューチュールの手法が案出されたように、またイオニア式では歯形飾りをつけることがその建築に特有な手法である。そしてミューチュールが大垂木の表現であると同様に、イオニア式では、歯形飾りが繁垂木の先端の模倣である。それでギリシアの建築では誰もミューチュールの下に歯形飾りをつくらなかった。　　　　(4. 2. 5)

歯形飾りは木造の垂木の先端を模したものとするこの解釈は、今日なお定説として支持されている。英語名の dentil はラテン語名の denticulus からきているが、言うまでもなく、この語は歯（tooth）を意味する。ギリシア語名は geisipodes であるが、古代においては、この語は「垂木の突き出た端部」を指していて、特に「歯」の意味はないのである。ウィトルウィウスの解釈はこのような部材名称に基づくのかもしれない。それでは、なぜ古代ローマでは、denticulus という名称が付けられたのか。やはりその鍵は「歯」という語にある。実は geisipodes の類同語 geisologchos は「槍の穂先の軒蛇腹がある」という意味で、geison（軒蛇腹）と logchi（槍の穂先）の合成語であって、その槍の穂先は、先のとがったあるいは鋭利なものとして、歯になぞらえられるのである。そして歯といえば、カドモスと共にテバイを建設した5人の戦士、大地に播いた竜の歯から生え出た戦士のことを思い出す。それは、ゼウスがフェニキアの王女エウロペをクレタ島に連れ去ったあとの話である。エウロペの兄弟のカドモスは王の命令で、その捜索の旅に出て、トラキアを経て、神託を求めてデルポイに赴いた。そこで彼は、「探索をあきらめ、彼が出会うであろう1頭の牝牛について行くように」と告げられた。

かく神託をうけて、ポキスを経て旅をし、ペラゴンの牛群の中にその牝牛と出合った。牝牛は彼を今日テバイ市であるボイオティアに案内した。カドモスは牝牛をアテナに捧げようと、従者中から数名をアレスの泉に水を汲みにやった。ところが、アレスの子であるといわれる竜が泉を護っていて、派遣された者の大部分を殺した。カドモスは怒って竜を

第 2 章　イオニア式装飾の表徴

殺し、アテナの勧めによってその歯を播いた。歯が播かれると地中より武装の男たちが立ち現われた。これを播かれたる者(スパルトイ)と呼ぶ。彼らは互いに争い始めて、ついに 5 人だけが生き残った。カドモスは殺した竜の償いとしてアレスに「無限の 1 年」の間仕えた。その当時この 1 年は今日の 8 年に相当したのである。

…………

　この奉仕の後、アテナは彼に王国を与え、ゼウスはアフロディテとアレスの娘ハルモニアを妻として与えた。そしてすべての神々はカドメイアにおいて宴を張り、この結婚を祝った。
　　　　　　　　　　　　　　　　　　　　　（アポロドーロス、『ギリシア神話』3. 4. 1-2）

　かくして、カドモスはテバイの祖となるのだが、スパルトイすなわち地に播かれた歯から生え出た戦士のことは有名な「アルゴ船物語」にも出てくる。テッサリアのイオルコスの王アイソンから王座を奪ったペリアスは、アイソンの息子イアソンを亡き者にしようと企て、金の羊毛皮をコルキスの地から取ってきたならば王国をイアソンに譲ると言った。イアソンはヘラクレスをはじめとするギリシアの英雄豪傑を集めてアルゴ船に乗り組み、苦難のすえ黒海のかなたのコルキスに着いた。そしてその王アイエテスから、口から火を吐く牡牛でアレスの畑を耕し、竜の歯を播き、生え出た武士を討ちとるという難題を課せられるが、彼に恋した王女メディアの助けで無事にこれを果し、金の羊毛皮を手に入れて、妻となったメディアとともに帰国する。

　この伝説はアポロニオスの『アルゴナウティカ』に詳しいが、アポロドーロス（1. 9. 23）によれば、アイエテスが持っていた竜の歯は、カドモスがテバイで播いたものの半分を女神アテナからもらったのだという。この若干趣を異にする 2 つの伝承で共通する点は、竜の歯から生まれた武士はアレスの分身のような存在だということである。それ故『イリアス』で戦士は「アレスの寵を受けた」「アレスの扈従(こしょう)」とも形容される。そしてアフロディテやアポロンと共に、トロイア勢を加担するこの神は、「荒れ狂う、軍神」（5. 507）「人間を殺し城を屠(ほふ)る残忍な」（5. 455）「戦いに飽くこと知らぬ」（5. 863）アレスなどと呼ばれている。このような敵に対する仮借なき攻撃と破壊は味方にとっては最大の防御となるわけで、アレスの竜の歯を象った歯形飾りはポセイドンの三叉の矛のトリグリフと同様に、神殿を守護する表徴となったのであろう。パルテノンのイオニア式フリーズ、いわゆるパンアテナイア・フリーズの東面には、オリュンポスの神々が左右に分れて刻まれているが、その中にアレスの姿もあって、彼は左足首で槍の柄先を支えている（図 33）。ということは、竜の歯はアレスの槍の穂先を意味することにもな

図33 パンアテナイア・フリーズの東正面、左から右へ、ヘルメス、ディオニソス、デメテル、そして槍の柄先を左足首で支えるアレス：大英博物館，Hadziaslani, C./ Mavrommatis, S. *Parthenon Promenades*.

ろう。コーニス（geison）の歯形飾りが「槍の穂先」（logchi）と呼ばれたゆえんである。

ところで、アレスは戦(いくさ)の神でありながら、『イリアス』では、ギリシア方の女神アテナに上手(うわて)をとられ、ゼウスの不肖(ふしょう)の子のように描かれていて、ホメロスの時代にはあまり人気のある神ではなかったようである。しかし歴史時代のテバイやアテナイにおいては、アレスは明らかに尊崇されていた。アイスキュロスの『慈みの女神』のなかで、女神アテナはアテナイの市民に対してこう語りかけている。

> そうしてこのアレスの丘は、その昔アマゾンの女軍が、テセウスを怨みに思い攻め寄せたとき、陣を敷き幄舎を設けたところ、ここに新しい城塞を、そのとき塁壁も高々と、敵に対して築き上げ、アレス神に献げたのであった。それからして名もアレスの岩山と呼びならわしたが、この場所で、市民たちの畏敬の念、またその兄弟の恐れとが、昼も夜も同じく、彼らを正義にもとらぬよう守るであろう、もし市民たちが、みずから、これを改め変えない限りは。
>
> (685以下)

これは、故アガメムノン王の息子オレステスが母クリュタイメストラ殺しの罪科によって、アレスの丘でアテナイ市民からなる審判者の裁きを受けるところであるが、アテナは、市民が

第2章　イオニア式装飾の表徴

畏敬の心を保ち、正道にもとることなく公正な判決を下すよう勧告しているのである。アイスキュロスは、アクロポリスの北西の麓にあるアレスの丘、いわゆるアレオス・パゴスを、アレスの裔(すえ)と称するアマゾン族が築き、アレスに捧げた城塞に由来するとしているのだが、これには、パウサニアス（1.28.5）やアポロドーロス（3.14.2）が記す次のような異伝もある。

　アテナイの初代王ケクロプスの娘、すなわち女神アテナがエリクトニオスの養育を頼んだ3人姉妹の1人アグラウロス「(露の)輝き」のもとにアレス神が通ってアルキッペという1女をもうけた。ところが、この娘が成人したとき、ポセイドンとニンフ・エウリュテとのあいだに生まれたハロティオスが彼女を犯さんとするところをアレスに見つけられて殺された。ポセイドンの訴えにより、オリュンポスの12神の前で、アレス神はアレオス・パゴスで裁かれたが、情状酌量すべきものありとして無罪となった。このアレオス・パゴスには、前出の裁判で無罪を得たオレステスが奉納したアテナ・アレイア（戦の女神）の祭壇があったとパウサニアスは記している。

　この女神はアテナにアレスの神格が加えられたような存在に思えるが、それには、「アレオス・パゴスにおけるアテナの審判」という意味もこめられているのかもしれない。そう言えば、カドモスの場合も、イアソンの場合も、「竜の歯」にはアテナが必ずかかわっている。そしてアポロドーロスによる伝承では、アレスはケクロプスの娘アグラウロスとのあいだに子をもうけるなど、アテナイとの結びつきも強いのである。アリストパネスの『蜂』のなかに、「ケクロプス王、先祖の御霊、足の先まで竜の形をしたドラゴンティデスさま」とあって、ケクロプスは竜の歯から生まれたとも伝えられる。こういう伝承などはアレスとの縁故を物語るものであろう。

　エレクテイオンのカリアティドと呼ばれる6体の乙女像は、パルテノンとパンアテナイア祭の大行列が続く道に面して立っている。彼女たちは頭に載せた籠――オヴォロとアストラガルのモウルディングが刻まれた――でエンタブラチュアを支え、優美なイオニア式の衣裳をまとい、一歩踏み出すような姿態で立っている。それで、6人の乙女たちは、パンアテナイア祭において、供物の入った籠を頭に載せ、犠牲の行列を先導する聖籠持ち(カネポロイ)と見なされ、パルテノンのイオニア式フリーズの東面に刻まれている6体の乙女像にも比定されている[10]。それでは、このカリアティドのポーチコからパンアテナイア祭の行列を観覧しているのは誰か。それはおそらくケクロプスとエリクトニオスとその後裔たちであろう。そして、彼らを守護しているのが

ゼウスの雷鳴と雷電、竜の歯すなわちアレスの槍を表すエンタブラチュアの装飾帯ということになる。

エレクテイオンのイオニア式繰形

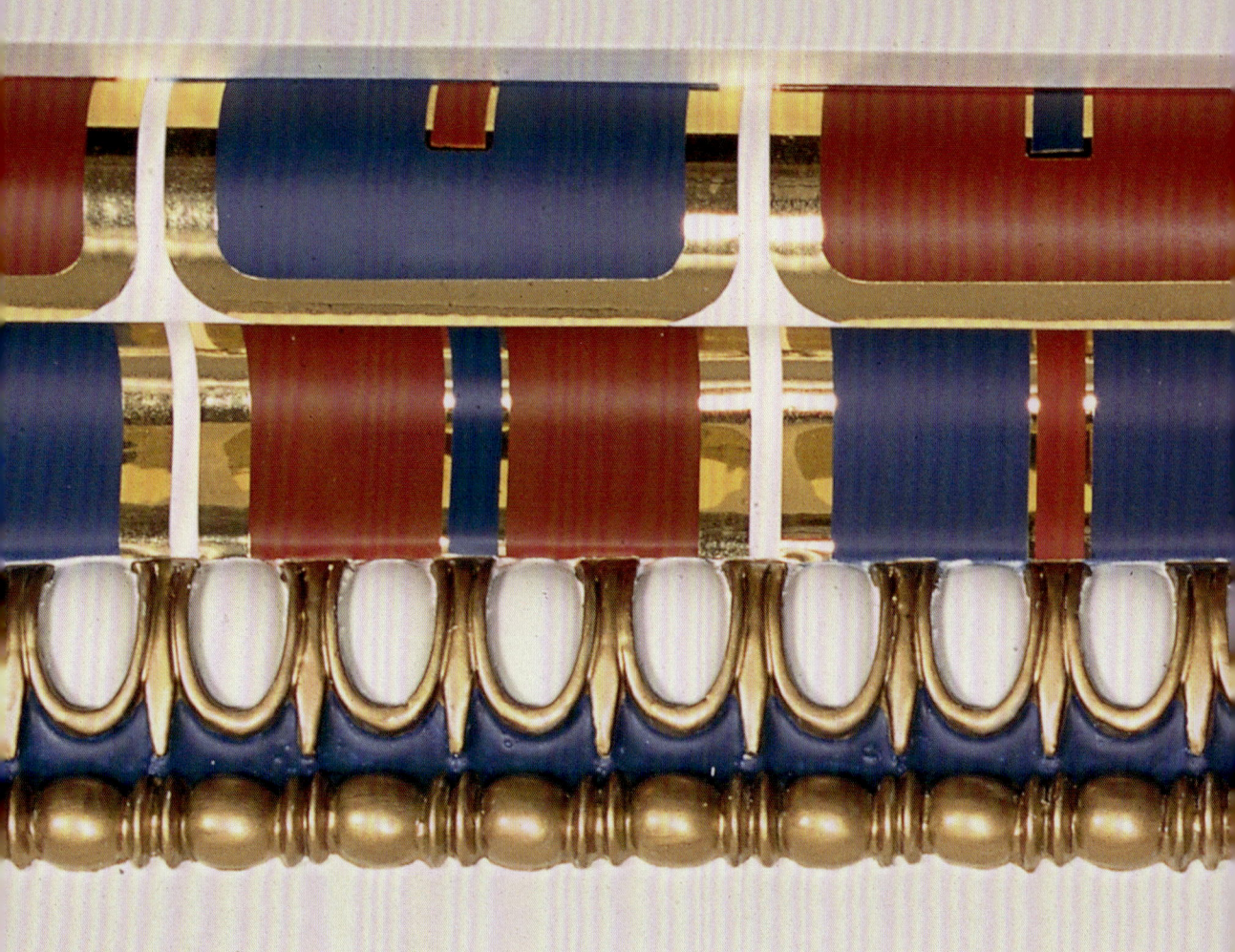

われわれの主張によれば、火と空気と水と土とは、相互に生成変化しあうのであって、それゆえおのおのは他のおのおののなかに、すでに可能的に存在している。……なぜなら、火は天界の元素(アイテール)と接触し、空気はこの火と接触しているからである。

アリストテレス『気象論』1.3.399, 341

復元模型、壁端柱の柱頭の繰形、パルテノン

第3章　パルテノンの多彩装飾

第3章　パルテノンの多彩装飾

　ギリシア美術の彩色について一般の関心を喚起したのは A. Q. クゥインシーの論文 (1806年) だといわれる。それはオリンピアのゼウスの黄金象牙像についての論考で、はじめてポリクロミーという語をつかった。そして19世紀の半ばまでには、ギリシア建築の体系的な多彩装飾の概念は広く受け入れられたが、本格的なアプローチはアテネのアクロポリスからの資料に関するペンローズの観察によるものである。[1]

　ペンローズの、パルテノンの視覚補正の調査に基づく著書 (1851年) では、そのポリクロミーについても1章を当てている。その冒頭で、彼が実測を行っているとき、「概してかすかな痕跡ではあるが、しばしば目にとまる古代の彩色の証拠に気をとられずにはいられなかった」と述懐している。彼はポリクロミーの問題に関しては、観察された事実を述べるに留めているが、それだけにその観察の内容は正確であって、提示された復元図の信頼性もきわめて高い。[2] また最近では、ギリシアのオルランドスがパルテノンのポリクロミーに関する過去の調査を総合的に再検証した見解を示している (1978年)。[3]

塗色の顔料

　さて、パルテノンのポリクロミーにおいては、その色数は限られていて、その主要な色は青と赤、それに淡い黄土色である。細部では、これらを地色として金色の模様が重ね描きされた。しかし、それらの色をある程度正確に復元するためには、その青や赤がどのような青や赤なのか、すなわちその色調、正確にはその色相、明度、彩度を定量的に知っておかなければならない。それにはまずその色の顔料を特定する必要があるのである。そしてそれらの色調がはっきりすれば、古代ギリシアにおいてその色がどのような意味をもっていたかが考察され、その結果として、パルテノンのポリクロミーの概念が明らかにされるであろう。

エジプト青（キアノス）

　ペンローズはパルテノンの東正面のトリグリフの縦溝内側に、「きわめてはっきりとよく保存されている青の部分が見られる」とし、その顔料は全体に均一の種類で、およそ塗厚0.75mmであったようだ、と述べている。ウィトルウィウスも、木造の神殿のころ、工匠たちは、「いまトリグリフになっている形につくられた板片を材の断面前面に取付け、それを濃い青色の蠟で彩色した」(4.2.2)と言っているから、トリグリフの青はドリス式オーダーの伝統的な配色であったのである。

　パルテノンのトリグリフやミューチュールに見られる青色の痕跡については、X線に電子的微量分析を接続した最新の試料検査によって、それはエジプト青として知られる顔料であることが判明している[4]。この顔料は無水珪酸と銅とカルシウムの結晶化合物（銅とカルシウムの珪酸塩——$CaCu[Si_4O_{10}]$）で構成される人工的なフリット（ガラス状の粉末）であった。実は、ウィトルウィウスがトリグリフを青色（ラテン語でカエルラ）に彩色したという顔料がカエルレウムで、彼はその製法について次のように述べている。

　　カエルレウムの調合は、アレクサンドリアではじめて発明され、その後同じくプテオリでウェストリウスがつくりはじめた。何からそれが発明されたか、その経緯は十分驚くに

価する。実に、砂がソーダ華とともにあたかも麦粉のように細かくなるまで擦り合わされる。そして粗いやすりで鋸屑のように粉にされたキュプルス青銅が振りかけられてよく交ぜ合わされる。次いでそれを手でまるめて球がつくられ、こうして球は凝縮されて乾かされる。乾いたものは陶器の壺に入れられ、壺は炉に入れられる。青銅とこの砂が火の熾烈な力で赤熱されることによって融合すると同時に、互いに汗を交換することによってそれぞれの特性を失い、おのおのの物質は火力によって化合し青色の顔料に化せられる。

(7. 11. 1)

　古代の工房における合成顔料の製造工程を、リアルに伝えている記述であるが、プリニウスの『博物誌』（紀元23～79年）の青色顔料に関する見解は少し違っている。すなわち彼によれば、青色顔料は一種の砂であって、昔はそれに3種類があって、なかでもエジプトのものが最も重んぜられた。そして、このエジプト青の最もよい部分でつくったものが、ウェストリウスの青である。またプテオリやヒスパニアで青い砂の沈積から採取されるプテオリ青とヒスパニア青もある。プテオリ青はキアノスと呼ばれる（33. 56-57）。

　テオフラストス（前372ころ～288年）は、その著『石について』（*De Lapidibus*）のなかで、このキアノスをさらに系統的に考察している。すなわち、

　　代赭に天然と人工のものがあるように、キアノスにも、天然とエジプトでつくられる調合のものがある。キアノスにはエジプト、スキタイ、キプロスの3種類があって、エジプトのは水に溶けない粉末顔料としては最上で、薄められるものにはスキタイのキアノスがある。エジプトのキアノスは調合物であるが、王朝に関する記録には、天然のものをまねて溶融キアノスをつくった最初の王の名前があって、その知識はフェニキアからの貢物といっしょにもたらされた。そのほかのところでのキアノスのかたちには、すでに焼成されたものと、そうでないものがある。

(55)

　また、テオフラストスは「(天然)のキアノスには透明で淡い色のものと暗いものがある」(31)とし、「サフィロスとして知られる石は暗い色で、キアノスの暗いものと大差ない」(37)と説く。そして「銅の鉱床のなかのキアノスは決して多くはなく、わずかな量しか用いられない」(51)と言っている。

以上ウィトルウィウス、プリニウス、テオフラストス3者のキアノスに関する諸見解を若干ほかの所見も加えて整理してみると次のようになる。

　1. キアノスには天然と人工のものがあって、天然のものは一種の砂として産する。プリニウスがいうプテオリ青は、イタリアの南西部、ナポリ付近のプテオリ（ラテン語名）、現在のポツウォーリの鉱床からのキアノスであろう。実は、キュプロリバイト（Cuprorivaite）と称する鉱物はあの古代都市ポンペイを大噴火で埋没させたベスビオ山から採取されたのであるが、それは微細な石英を含む天然の結晶であって、興味深いことに、その化学式は CaCu[Si_4O_{10}]で、人工顔料のエジプト青と同じなのである（*Dana's New Mineralogy, 8th Edition*）。プテオリはベスビオ山の30km圏内にあるから、プテオリ青のキアノスはベスビオ山の鉱物と同種のものに相違ない。ともあれ、ウェストリウスがプテオリの天然のキアノスをまねてつくった人工のキアノスが、ウィトルウィウスがいうラテン語名のカエルレウムということになる。これが20世紀になってポンペイ青と呼ばれた顔料なのである。

　2. テオフラストスが、暗青色のキアノスによく似ているというサフィロスという石は、実はラピスラズリであって、ラピスはラテン語の石、ラズリはペルシア語の青を意味する。ラピスラズリは深青色の不透明な貴石で、その主成分はラズライト、その他珪酸や方解石との混合物であるが、それは通常黄鉄鉱を含んでいるので、磨くと濃い青地に金色の斑点が輝いて美しい。

　その主成分ラズライトはルネサンスの絵画に青色顔料、天然のウルトラマリーンとして使われた。この顔料は、バチカン、システィナ礼拝堂のミケランジェロの「最後の審判」やロンドン、ナショナルギャラリーにあるティツィアーノの「バッカスとアリアドネ」の中の青、またレオナルド・ダ・ヴィンチの「最後の晩餐」のキリストの着衣の青にも認められる[6]。チェンニーノ・チェンニーニはその著『芸術の書』第62章で、この顔料の性質と調整法について詳述している[7]。

　しかし、ただ粉末にされたラピスラズリはきわめて貧しい青みがかった灰色である。A. ルーカスによれば、天然ウルトラマリーンすなわちラズライトはラピスラズリの細粉物を水簸（すいひ）する工程によって得られることは確かだが、その採取量はごく低く、わずか2%程度にすぎず、この方法も11世紀の初めごろまでに知られていたという証拠はないのである[8]。たとえあったと

しても、その使用は絵画のような小さな塗面に限られていたであろう。

　3．人工のキアノスとカエルレウムが同一物であることは明らかであるが、テオフラストスもウィトルウィウスも、その顔料の生産がエジプトで行われたという点で意見を同じくしている。プリニウスがエジプト青と呼んだ所以である。古代エジプトの遺物の青色顔料を系統的に調査した前出のルーカスは、30の青色の試料を試験し、エジプト第5王朝で4、第6王朝で2、第13王朝で2、第18王朝で19、第19王朝で2、第20～第26王朝で2がエジプト青（銅とカルシウムの珪酸塩）のフリットであることを証明している。第5王朝といえば、それはおよそ前2494～前2345年の時代であって、エジプト青の製法は、ウィトルウィウスがいうアレクサンドリアの時代より2000年以上前から知られていたことになる(9)。しかしその試料のいくつかが天然のキアノスである可能性もないわけでもない。

　ウィトルウィウスは、エジプト青のフリットが砂と銅粉と天然炭酸ソーダの融合によってつくられたと述べているが、そのフリットの製造に不可欠の成分である炭酸カルシウムについて何ら言及していない。この点に関してルーカスは、「ガラスをつくるのに必要とされる炭酸カルシウムのことは明白に認識されなかった。そして石英礫が使われるときには別々に加えられたに違いないが、砂が用いられる場合にはその必要がなかった。というのは、エジプトの砂の多くは石英と炭酸カルシウムの混合物であるからである」(10)と推測している。

　4．エジプト青のフリットは、ローマ帝国の時代に、フレスコ絵画の一般的な青として使われたが、その製法の知識は2世紀と7世紀の間のどこかで失われた。その後20世紀の初頭になってその製法が再発見されたのである。

　ルーカスによれば、1914年、A. P. ローリ他が、エジプト青は細かい砂、炭酸銅、炭酸カルシウム、そして融解混合物（炭酸ナトリウム）を一緒に加熱することによって再現され、その青の結晶物は830～850℃の温度で生成されることを示した。同様の実験はL. ホジソンによっても繰り返され、彼女は融解混合物を塩（塩化ナトリウム）に置換し、850℃で加熱することによって著しい多色性をもったフリットをつくった(11)。

　筆者の協力者、加藤悦三博士によるエジプト青の合成実験では、炭酸カルシウム（$CaCO_3$）、塩基性炭酸銅（$CuCO_3 \cdot Cu[OH]_2$）、無水珪酸（SiO_2）を原料とし、各々の原料質量比を1：2.2：2.8

として、自動乳鉢で粉砕・混合したものを電気炉内で加熱した結果、約1100℃で暗青色の結晶物が得られた。また海辺の砂には必ず塩分が含まれているので、別の実験によって、それが生成物の青の発色に影響を与えていることを再確認した。そして青色のフリットの生成温度が1100℃と、先行実験の850℃より250℃高温なのは、この実験で用いた原料の純度が高いためで、むしろ自然の砂に含まれる他の微量の成分がより低い生成温度に寄与していると考えられる。

パルテノンの多彩装飾の復元においては、エジプト青の色は上記の実験結果と、テオフラストスの「暗い色のキアノスはサフィロス（ラピスラズリ）の色と比べて大差なし」とする指摘に基づいて決められた。この色をマンセルの表色系で数値化すると、その色相（H）、明度（V）、彩度（C）はHVC：2.5 PB3/8である。またこの色は、近年パルテノンのトリグリフに発見された青色顔料の痕跡の色とほぼ一致する。

赤土（ミルトス）

パルテノンのミューチュールの間の赤の痕跡については、X線による試料検査によって、それは酸化鉄から生じたものであることが判っている。赤色顔料としての赤土には、天然のものと黄土を焼成した人工のものがあって、前者はいわゆる代赭（含水酸化鉄）、後者は焼成黄土（無水酸化鉄）である。いずれも酸化鉄成分による赤色であるから、パルテノンの赤色顔料がどちらのものであるかは、試験結果からだけでは判別できない。

テオフラストスは、ギリシア語でミルトスと呼ぶ代赭の産地として、レムノス、カッパドキア、シノペの名を挙げている（*De Lapidibus*, 52）。またプリニウスは、代赭（ラテン語でシノピス、ポントスのシノペ市に由来）の最良品はレムノスとカッパドキアの洞窟から採取されるもので、岩に付着しているものがいちばん良いとされるとし、エジプトとアフリカ産は建築家にとって最も有用なもので、アフリカ産には他の種類より深い赤のものや、「沈んだ色合いの」と呼ばれる暗い色の種類がある、とも言っている（35. 13, 15）。

さらに、テオフラストスは人工の赤土について次のように記している。

低品質の赤土は黄土を焼くことによってつくられる。その発明はキュディアスに帰せられるが、彼は、ある雑貨屋が焼失したとき、半焼けの黄土が深紅色に変じていることに

気づいて、その発明を思い付いたと言われる。粘土で塞いだ新しい壺が炉の上に置かれる。壺が完全に火にさらされると、黄土は焼け、さらに燃焼されると、黄土はもっと暗く、赤い色になる。
(53 - 54)

　このような製法では、建築に使うような大量の顔料を生産することはできないし、その製品も均質とはいえないであろう。「低品質の赤土」とはその点を指していると思われる。したがって、パルテノンに使用された赤土顔料ミルトスは、エジプト青の顔料といっしょに、エジプト経由で輸入されたアフリカ産の代赭である可能性が最も高い。そうだとすれば、その色調は「深い」か「暗い」赤であったはずである。この点に関して、プリニウスは注目すべきことを言っている。

　　昔、キンナバリス〈キリン血〉は、今でも単色画と呼んでいる絵を描くのに用いられた。エフェソス産の辰砂も絵に用いられた。しかしその色を用いた絵は保存上きわめて厄介であったので今ではもう止めてしまった。その上どちらの色もあまりにけばけばしいと考えられた。それで画家たちは赤土やシノピスに乗りかえた。
(33, 39, 117)

　顔料の耐候性あるいは耐光性は建築ではさらに重要な問題であるし、古代ギリシア人の色彩感覚が赤土の色を選んだという理由も十分に想像できよう。そこで、多彩装飾の復元においては、ヴェルギナの「フィリポス墓」のコーニスやタエニアの塗色も参考にして、その色をマンセルの表色系で HVC：7.5 R4/8 と推定した。

淡黄土（オクラ）

　パルテノンの大理石の表面には、橙褐色、ときには黄味がかった付着が認められる。これに関しては、ペンローズの、

　　その柱、特に西正面のそれのかなりの部分にある黄色味の色合いは、ペンテリコン産大理石に含まれる鉄分の酸化の結果といわれるような黄色ではなくて、大理石が新しく、結晶の輝きがそのままのときの強い光を、少しではあるが減らすような色付けによるもの。

という重要な説明がある。[12]

これに対して、パルテノンの錆色の表面は大理石それ自体から浸み出た酸化鉄によるものとする見解も今なお有力である。しかし、パルテノンに使われたペンテリコン産の大理石に含まれる酸化鉄は、緑泥石や雲母系の鉱物を含む薄い銀緑色の縞模様の部分に多く、その他雪白色の大部分の含有量はわずか0.10％で、それは大理石表面全体にその色が現われるほどの量ではないのである。[13]

　I. D. ジェンキンスとA. P. ミドルトンのその後の研究によれば、パルテノンにおいては、上記の橙褐色の付着は柱、アーキトレーブ、神室の壁、そしてスタイロベートの上にも見られ、それらは大英博物館の彫刻や建築部分の付着物と本質的に同じである。その分析結果は、それらが単に大理石の風化作用による酸化鉄の堆積ではなくて、ローマなどの大理石の遺構について説明されるのと同じ蓚酸塩の被覆であることをはっきり示している。それ故、ジェンキンスは、その塗装が本来はもっと透明な塗料、ワニスのようなもので、大理石の表面を保護し、あるいはその調子を和らげるために採られた古代の技法の痕跡を表していると結論づけている。[14]

　この研究課題では、K. クウゼリィ他もパルテノンの南と西の柱からの橙褐色の付着物のサンプルを物理・化学的な方法で分析・試験し、その付着物の色は酸化鉄の存在によるものであるが、塗装面に起因するとの結論に達している。[15] つまり、酸化鉄の堆積は大理石から浸み出た鉱物によるものではなくて、塗装面それ自体からのものなのである。それでは、前者の橙褐色と後者のそれとの識別はどのようにつけられるべきなのか。要するに、後者は大理石表面に色付けされた酸化鉄を含む顔料であって、前者はその上に保護膜として施された蓚酸塩の被覆なのである。それならば、後者の顔料が特定されねばならない。

　オルランドスは、パルテノンの西正面の柱に、モルタルの薄い層あるいはプラスター塗のように見えるクリーム色の表面について言及している。[16] さらに、M. ランデラーによって実験されたパルテノンとその他の遺構からの顔料サンプルの分析結果は、A. R. ランガヴィースによって1842年に出版されたが、その中でランデラーは赤、緑（緑青）、青、黒、黄を含む色数を試験していて、鉄分と粘土と炭酸カルシウムを含有する黄色顔料はオクラ（ochra）であるという結論を出している。[17]

　ウィトルウィウス (7. 7. 1) によれば、ギリシア人が「オクラ」と呼ぶ黄土の最も良質のものは、アッティカ産である。それはアテナイの銀鉱で発見されたが、昔の人たちはこれを銀と同様に

追及し、壁面の制作に多量に使用した。それで今は手にはいらないという。

　このオクラで塗色されたと思われるパルテノンの柱の色合いについて、ペンローズはプリニウスとプルタルコスの次の記事を引用している。

　　エリスにミネルヴァの神殿があるが、言い伝えによると、フェイディアスの兄弟パナイノスは、ミルクとサフランを加えて練り上げた漆喰を塗ったという。その結果今日でも、親指に唾をつけてその漆喰を擦ると、サフランの匂いと味がある。
　　　　　　　　　　　　　　　　　　　　　　　　（プリニウス『博物誌』36. 55. 177）

　　アルテミシオンには、別名「東西の(プロセオア)」という名をいただくアルテミスの、さほど大きくない神殿があり、その付近一帯に樹が生えていて白い大理石の石板が周りに立っていた。この石は手で擦るとサフランの色と匂いを発するのである。
　　　　　　　　　　　　　　　　　　　（「テミストクレス」8. 2,『プルタルコス英雄伝』）

　前者はきめの粗い石灰岩のようなものの上に施される漆喰仕上げ、後者は大理石の塗装のことを言っているのだが、ペンローズはこのような古代ギリシアの通常のやり方の例を示して、パルテノンに見られる黄色味の色合いは「真新しい白大理石と象牙との相違以上のものではない」と推断している。[18]

　E. R. カレーによれば、アテネのアゴラで採取された黄色顔料の分析では、二酸化珪素（SiO_2）、と酸化アルミニウム（Al_2O_3）と水（H_2O）という成分から、それが主に黄土の酸化鉄を含む砂と陶土あるいは粘土の混合物であることが再現される。そして分析結果が明らかにする著しく高い酸化カルシウムの比率は、その顔料が使われるときには、黄土に石灰か白亜を定量的に混合したことを示している。[19] プラトンの『ティマイオス』の中の「淡黄色（ochra）は白が黄に混じると生ずる」（68 C）とする認識は上記の所見を裏付けるが、天然の黄土（$Fe_2O_3 \cdot nH_2O + Al_2O_3 + SiO_2$）には炭酸カルシウム（$CaCO_3$）は含まれていないのだから、黄土に石灰質の白色顔料を混ぜた色がオクラであろう。ウィトルウィウスが絵画に多量に使ったという「オクラ」はこれと天然の黄土を混同しているようである。古代ギリシア語の ochra にはそもそも「淡い」「弱々しい」という意味があって、それが色名になったと考えられる。

以上の考察をもって、パルテノンの柱に塗られた顔料オクラは、ペンローズがいう象牙に近い色、すなわちマンセルの表色系で HVC：2.5 Y9/2 と推定した。

　なお、オクラの塗装面にさらに施された被膜、蓚酸を多く含むワニスのような塗装については、プリニウスの次の記述が示唆に富んでいる。

　　彼は絵を仕上げたとき、その絵全体に黒いワニスをかけるのを常とした。それはたいへん薄いので、その反射がすべての絵画の輝きを引き立て、それを埃や汚れから守りながら、それに近寄って見る人にしか見えなかった。　　　　　　　　　　　　　　　(35. 36. 97)

　また『オデュッセイア』第3歌にも、ネストルの屋敷についての叙述に次のような一節がある。

　　朝のまだきに生れしばら色の曙の女神が姿を現すと、ゲレニア育ちの騎士ネストルは床から起き上がり寝室を出て、高い扉の前に据えてある、磨いた石の腰掛けに腰をおろした。油を塗った如き光沢を放つ白い腰掛けであった。　　　　　　　　　　　　　(3. 405 以下)

　「油を塗った如き」は古註に従った訳であるが、S. ウェストのように、実際に油が塗られていた、とする解釈もある。パルテノンにおいても、柱、エンタブラチュア各部、そして彫刻の彩色の上に、その保護膜として、またポリクロミーの輝きを一層増すような被膜として、油性ワニスのようなものが全体に塗られたのであろう。

色彩の象徴性

　ドリス式オーダーの各要素やイオニア式装飾に象徴あるいは表徴としての意味を認めるならば、それを彩る色にもその形状や形態と不可分の象徴性が付与されていたと予想されよう。パルテノンに使用された3種の色、キアノス、ミルトス、オクラについて、このような観点から考察してみたい。

キアノス

　ホメロスにおいて、ゼウスはしばしば「黒雲の君」(『イリアス』15. 46；『オデュッセイア』13. 147 など) と呼ばれる。そのギリシア語 kelainephes (kelaino-nephes) の kelainos は「黒い」「暗い」を意味し、nephes は「雲」であって、それはゼウスの添え名なのである。ところが、ゼウスとは関係なく「黒雲」を kyaneos nephele (『イリアス』5. 345, 20. 418；『オデュッセイア』12. 75) とも呼んでいるのであるが、言うまでもなく、kyaneos は kyanos の形容詞である。そして、kyanochaites は「青黒い髪の」(『イリアス』9. 536) というポセイドンの添え名であり、また「黒いたて髪の馬」(『イリアス』20. 224) を指している。『ホメロスの諸神讃歌』(22) において「馬馴らす者」と呼ばれるポセイドンは馬の神であったからであろう。「青黒い髪のポセイドン」については、この神が海神であることから、海の暗青色と関係づけられる。「深海の暗青色」を指す kyanobenthes という語もあるからである。アリストテレスは『色について』のなかで、「光が届かないところでは、そのところで空気は闇によって浸み込まれて、それは暗青色 (kyanoeides) に現われる」(794 a 13) という認識を示しているが、ホメロスの「黒雲」すなわち kyaneos nephele もまさにそれであろう。この kyaneos を冠する雲の存在は注目したいところであって、この語は、かつての雨をもたらす黒雲の支配者は、ゼウスではなくポセイドンであったことを記憶しているのかもしれない。ポセイドンを象徴するトリグリフと雨雲を表すミューチュールがキアノスで塗色される所以である。

　『イリアス』第 18 歌には、ヘパイストスがテティスから頼まれ、アキレウスのために作った楯の意匠について、長々と、しかもきわめて詳細に語られているが、その一部に次のような叙述がある。

> 　楯の表にはまた、葡萄の実がたわわに稔る葡萄園を描いた。黄金造りで美しく、連なる房はみな黒く、蔓は畑の端から端まで銀の支柱で仕立ててある。そしてその周囲には、キアノスの溝と錫の垣をめぐらした。　　　　　　　　　　　　　　(『イリアス』18. 561 以下)

　楯が円形のものだとすれば、同心円のほぼ中間帯に葡萄園があって、その外側を溝と垣が縁どっているのであろう。したがって、溝と垣は葡萄園を守る防護施設なのであるが、それではなぜ溝はキアノスで塗られたのか。実は『イリアス』第 11 歌にも、アガメムノンの武具の装

飾を彩ったキアノスのことが見える。その1つはキュプロスの王の贈物の胸甲、もう1つは楯である。

　　その表面にはキアノスの線条が10本、黄金と錫のものがそれぞれ10本と20本とが走っている。またキアノスの蛇が左右に3匹ずつ首筋の方へ鎌首を伸ばしているが、それがいかにもクロノスの子が人間に示す異象たるべく、雲間に据える虹の形に似ている。……ついで、精巧な造りで見るからに猛々しい、総身を蔽う大楯を取り上げたが、見事な楯で、青銅の輪を10個めぐらし、錫製の白く輝く20個の臍（突起）が打ってあり、その中央には黒みを帯びたキアノスのものもある。楯の中央には、あたかも「恐怖（デイモス）」と「潰走（ポボス）」も控えている。楯から銀の提げ帯が垂れているが、その上にはキアノスの蛇が身をくねらせており、1つの頸から生えた3つの頭を思い思いの方向に向けている。　　　　（『イリアス』11. 24以下）

楯も胸甲も戦士の命を守る武具であるが、その装飾の一部すなわち溝、線条、臍、蛇に塗られたキアノスは、kyanochaites（青黒い髪）のポセイドンの威力によって守護されていることのしるしであって、それは霊験あらたかな色なのである。さらに、kyanoprorio（『イリアス』15. 693；『オデュッセイア』3. 299）は「暗青色の舳先の」船のことであるが、これも、『ホメロスの諸神讃歌』(22)に、「船救う者としての権能」とか、「浄福なる神よ、寛き心をもちたまいて、海ゆく者たちを助けたまえ」と称えられるポセイドンへの祈りをこめて、船首にキアノスが塗られたことを示している。

それでは建築ではどうかというと、パウサニアスの『ギリシア案内記』、オリュンピアのゼウス神殿の神像とその玉座についての詳細な記述のなかに次のような部分がある。

　　玉座を支えるのは脚部だけでなく、脚と同数の円柱も脚間に立つ。玉座の下までは入ることができず、この点アミュクライで誰でも玉座の内側まで通れるのとは違っている。オリュンピアでは間仕切り壁のように囲いが作ってあって、人を入れない。囲いのうちで入口扉に向い合う面はキアノスだけで塗りつぶしてあるが、残りの面には、パナイノスの絵が見える。　　　　　　　　　　　　　　　　　　　　　　　　　　　　　　　(5. 11. 4-5)

神室の奥に、ゼウスの黄金象牙像（高さ12.40m）が巨大な玉座（約6.7m×9.8m）の上に座っている。玉座は神話的な場面の浮彫像で飾った脚壁と柱で支えられ、その下は部屋になっていた

ようであるが、そこは聖域であったが故に、入口扉に対する正面の壁はキアノスで塗られたのであろう。その色は聖所に立ち入るべからずという表示であったのである。

　もう一つは、『オデュッセイア』第7歌、パイエケス人の王アルキノオスの屋敷についての次のような叙述である。

　　　心宏きアルキノオス王の宏壮な屋敷の中は、さながら陽光か月光に照らされた如く輝いている。戸口から奥の間にかけて、青銅の壁が両側に延び、壁の上縁にはキアノスの帯を繞(めぐ)らせてある。　　　　　　　　　　　　　　　　　　　　　　　　　　　　　　(7. 84)

　この前段に、オデュッセウスをアルキノオスの屋敷に案内する若い娘（実は女神アテナ）が、王の血統について話すところがあって、パイエケス人の初代の王ナウシトオスはポセイドンの子で、ナウシトオスの息子がアルキノオス、その妃アレテももう1人の息子の娘だという。つまり、女神は、アルキノオス王とその王族がポセイドンの子孫であること、すなわち神々の近親の間柄であることを告げているのである。したがって、青銅の壁のキアノスの蛇腹（Thrigkos Kyanoio）はアルキノオスの壮麗な館も青黒き髪のポセイドンによって守護されていることを誇示していると考えられよう。ホメロスはその意匠を特に語ることによって、この王族のポセイドンとの関係を聴手に強く印象づけているように思える。

　パルテノンをはじめとするドリス式神殿の四周をめぐるトリグリフは、ポセイドンの三叉の矛(かた)を象ったもので、それは神殿を守護しているのであるが、そのトリグリフを彩る暗青色キアノスは以上の事例に見るようなこの色の伝統的観念を反映しているといえよう。

ミルトス

　ミルトスはキアノスと同様に、元来は顔料の呼称である。ヘロドトスによれば、リビア人の中のマクシュエスという種族は体にミルトスを塗っているし（4. 191）、エチオピア人も戦いに臨むときには、体の半分に石膏を、残る半分にミルトスを塗るという（7. 69）。これらのミルトスはまさに顔料であって、それを人体に塗ることによって、そのミルトスの赤がひとを強力にする何か呪術的な効能があると信じられたのであろう。ヘロドトスはまた、シプノス人がサモス人に攻略(いきさつ)された経緯を述べるなかで、

すなわちサモス人の一行はシプノスに近付くと、船団の内から一艘を出し、使節を町へ送らせた。ところで昔の船はミルトス塗りであった。従ってデルポイの巫女が、木造の伏勢と赤の使者を警戒せよとシプノス人に指示したのは、この時のことをいったものにほかならなかった。
(3. 58)

と語っている。その「赤の使者」(keryx erythros) とは「ミルトス塗りの船」(milteliphes) のことを指しているのだが、milteliphes は miltopareos「赤い頬の」という、両側面をミルトスで塗った船のホメロス風形容詞なのである。『イリアス』のギリシア連合軍の「軍船表」にも、

　知謀ゼウスにも比すべきオデュッセウスがこれを率い、彼に隨うのは赤い頬の軍船12艘。
(2. 637)

とある。赤い「頬」とは、船体を前方から見た舷（側面）の形が頬のそれに似ていることからの暗喩であるが、そこをミルトスで塗るのは人体にそれを塗るのと同じように、ミルトスの赤が敵を威嚇し寄せつけない力があると信じられたからであろう。そして舳先には暗青色のキアノスが塗られ、大抵そこに大きな黒い眼が描かれた（アイスキュロス『ペルシア人』559）。それはポセイドンの眼であろう。そうならば、舷の赤ミルトスは何を意味しているのか、ということになる。

　ところで、アテナイのアクロポリスの西方、ムセイオンの丘の中腹にプニュックスと呼ぶ場所があって、そこでは定期的な民会が催された。ところが、広場で雑談に耽って民会に出席しない者が多かったので、スキュタイ人の警吏がミルトスでぬらした縄を引っ張ってぶらついている者を広場から追い立てる習慣だった。アリストパネスの『アカルナイの人々』には、衣服の汚れるのを避けようとして逃げる人々の滑稽なさまが描かれているが、作者は『女の議会』のなかでも、クレメースの口を借りて次のように言っている。

　いかにも。明け方におしまいだ。そして、おおゼウスさま、ミルトスで取り巻いた様子はまことに滑稽だった。
(378)

　なぜ「おおゼウスさま」なのか。ゼウスとミルトスあるいはその赤とどのような関係があるのか。まずアリストテレスの『色について』の冒頭の文章から見てみよう。

色のうち単純な色は、火とか空気とか水とか土とかの要素につき従うものである。すなわち空気と水はそれ自体としては本性上白であり、火と太陽は黄である。そして土も本性は白である。

(791 a)

さらに、「光が火の色である」(797 b) ということは明らかであるとし、『感覚と感覚されるものについて』で、「太陽はそれ自身では白く見えるが、霧や煙を通しては赤く見える」(440 a 12) という認識を示している。「赤い」と訳されている phoinikeos はフェニキア (phoinix) の創始にかかる色素で紫紅色や深紅色をいうが、ここではむしろ暗赤色を指している[21]。そして、ホメロスの『オデュッセイア』には、「赤い頬の」(miltepareos) の船を phoinikopareos の船とも言っているので (11. 124)、ミルトスの色は phoinikeos と同色であって、その暗赤色は火の色ということになる。

さて火と言えば、それはそもそもゼウスを頭領とするオリュンピアの神々の専有物であった。プロメテウスはそれを盗んで人間たちに与えたがために、ゼウスによって罰せられたのである。そのゼウスの武器である雷電、雷鳴、稲妻は本質的に火の現象であった。ギリシア人にとって、キアノスの青はあらゆる水分の支配者であるポセイドンを表す色であり、ミルトスの赤は火の創始であるゼウスの神威の象徴であった。

パルテノンの多彩装飾において、青のミューチュールの間の道すじの赤は雨をもたらす黒雲のはるか彼方天界の火を表し、その下の黄金色のメアンダーの地色の赤も稲妻も火によって生成されることを表している。

オクラ

ギリシア本土の西側において、北西から南東に走るディナル・アルプスの延長である褶曲山脈はクレタからロドスを経て小アジアまで弧状を描いて続いている。その山脈や山塊は主に石灰岩からなり、砂岩、泥灰土、礫岩などが混じっている。したがって、そのような高地や石灰岩地域では良質の白大理石を多く産出するが、その土壌の層はうすく、やせている。もっとも川に沿った低地や海岸の平野はギリシアで最も肥沃な粘土やローム層である。いずれにしても、ギリシアの石灰質の土壌は淡黄土色に近い色で白っぽいのである。先に引いたアリストテレスの文章のなかに、「土も本性は白である」とあるが、それはまさにギリシアの風土に基づく認

識といえよう。

　この文言の「土」のギリシア語ゲーあるいはガイアは、まず陸と海を含む大地、あるいは天に対する大地、海に対する陸地を意味し、また国土・国、耕作された土・地面、さらにはひとつの要素としての土も意味している。アリストテレスはこの要素としてのゲーを白と言っているのであるが、その認識には土地や国土すなわち「万物の母なる大地」も白あるいは白っぽいということも含んでいるはずである。

　ところで、ヘシオドスの『神統記』は宇宙生成の最初の段階を次のように語っている。

　　さて、最初にカオスが生じた。次いでは、胸広きガイア（大地）。これぞ雪に輝くオリュンポスの頂に住み給う神々すべての永久に揺がぬ御座所。また道広き大地の奥底なる薄暗きタルタロスと、さらに不死なる神々の中でも最も美しいエロス（愛）が生まれた。

(116以下)

またカオスからは暗闇エレボスと黒き夜ニュクスが生じ、さらにニュクスから高天アイテールと昼ヘメレとが生じた。一方ガイアは星きらめく天空ウラノスを産み、これを「不死なる神々の確固たる御座所」として、くまなくおのが身の上を覆わしめた。それから高い山々、波の逆巻く海原ポントスを甘美な愛の営みなしに産んだという。これまでの宇宙の生成は自然発生的であるが、これ以後はエロスが活動し始め、結婚関係による生成となり、ガイアは突然大地の女神として人格化する。こうして、ウラノスと添寝して産んだのが深く渦巻くオケアノス、レイア、奸智に長けたクロノスなどであるが、このレイアとクロノスとのあいだにデメテル、ヘラ、ハデス、ポセイドン、そしてゼウスが生まれる。つまり、大地ガイアこそが神々の系譜の根源であったということで、この神話体系はヘシオドスによって確立されたものなのである。『ホメロスの諸神讃歌』(30) の冒頭に、

　　万物の母なる大地を歌おう。揺がぬ礎もつ、神々の中最も年長けたる女神をば。
　　女神は地上にあるすべてのものを養いたもう。

(12)

と称えられる所以である。第1章で考察したパルテノンのドリス式オーダーは、このようなヘシオドスの宇宙体系の具象化ともいえるのであって、幅広い帯状部のアーキトレーブは「胸幅広い大地」また「道広き大地」であって、それに大地の色オクラ（淡黄土色）が塗られたのである。

配色のシステム

　パルテノンにおいて、ペディメントやメトープの彫刻的装飾はみな神話的出来事を表しているし、またその他の建築装飾も神話的かまたは象徴的である。しかしそれは、アリストパネスの『雲』のなかの気象の諸現象——雨や雷など——に関する科学的な説明のように、宗教が内省的精神によって稀薄化していた、哲学的時代に創られたということも注目に値する。

　ペリクレスと親交のあったクラゾメナイの人アナクサゴラスは哲学の新たな実践と科学研究の精神をイオニアからもたらした。彼が「太陽は灼熱した金属の塊」だと言ったがために、不敬罪のかどで告発されたという話はよく知られているが、ディオゲネスはアナクサゴラスの物質界に関する説明について次のように書いている。

　　また知性(ヌゥス)が運動の始元であった。そして物体のうちあるもの、たとえば土は、重くて下方の場所を占めるし、あるもの、たとえば火は、軽くて上方の場所にとどまるが、水と空気とはその中間の位置にあるとした。つまりそんなふうに、水分が太陽によって蒸発させられて空気となったあとで、平たい大地が支えるようにしてその上へ海が沈んでいったというわけである。　（ディオゲネス・ラエルティオス『ギリシア哲学者列伝』2. 3. 8、アナクサゴラス）

　その宇宙生成論自体は農民の民間信仰と直接対立したけれども、火、水（または空気）、土という世界を構成する三大質料構想は、5世紀末までにアテネの教養階層の知的関心事となった。また前節の考察によれば、火はミルトス（暗赤色）、水はキアノス（暗青色）、土はオクラ（淡黄土色）の色で表現され、神話的観念においては、そのおのおのの色は、ゼウス、ポセイドン、ガイアの属性になぞらえられるのである。

　つまり、前5世紀の偉大な劇詩人たちが神話を題材として用いながら、その時代の状況に適合すべくそれに修正を加えたように[22]、パルテノンの工匠たちも神話の中の伝統的な主題を採りながら、自然哲学によってそれらに新しい解釈を与え、より論理的な多彩装飾の世界に再構築したのである。

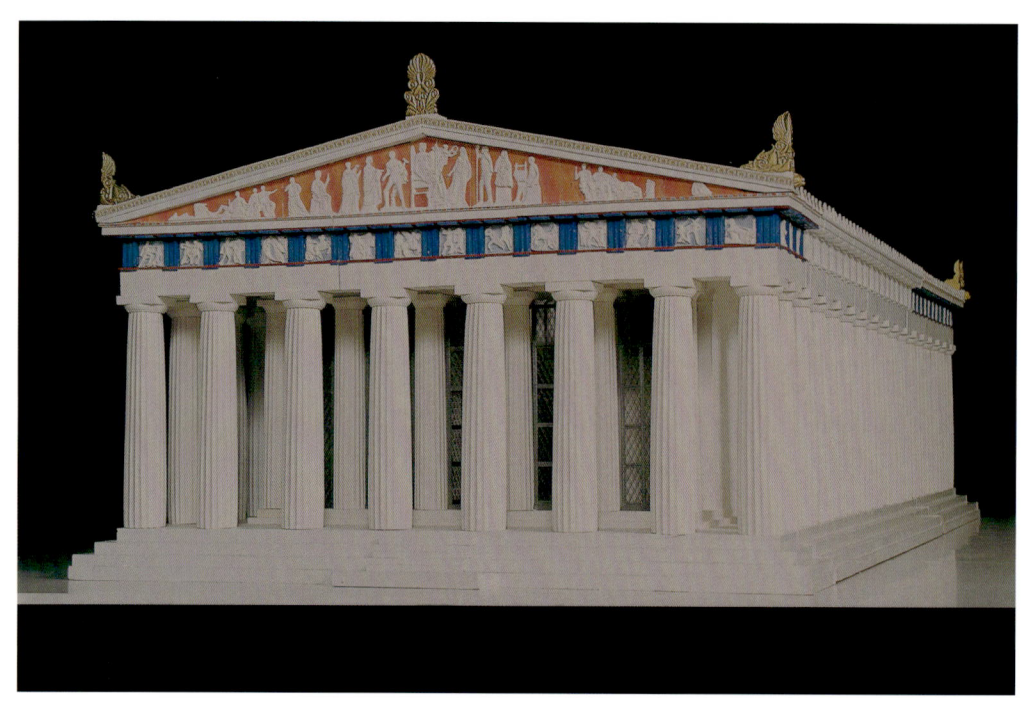

図34　復元模型、パルテノンの東正面

図35　復元模型，パルテノンの西正面

第 3 章　パルテノンの多彩装飾

　さて、本章の冒頭でふれたように、ギリシア建築の体系的な多彩装飾についての認識は、19世紀の半ばまでには広く受け入れられたが、その最も信頼のおける研究法は、アテネのアクロポリスからの資料に関するペンローズの観察に示され、そこでは、パルテノンとプロピュライアの彩色の復元案が発表された。その後、多彩装飾の問題は A. ミハエリス、G. ゼンパー、A. ベッティハー、J. デゥルム、F. ブロンメルによって考察され、最近では、オルランドスが先行研究の結果を再検証し、彼自身パルテノンを調査してその多彩装飾の復元を提示している[23]。それは現在のところ最も正確な考察なので、筆者はパルテノンの北西隅と周柱廊の格天井の縮尺模型 (1/10, 1/2) を主にオルランドスの成果をもとに製作した (図42〜49)。以下この模型によって、配色の原理と個々の採色された装飾の意味を吟味してみよう。

オリュンポスとしてのティンパヌム

　ペディメント（アエトス）とその下のコーニスの間に奥まった三角形の空間、ティンパヌムには全体が丸彫りの彫刻群が置かれていて、その枠となる建築とは構造的に切り離されている。ウィトルウィウスは神殿のティンパヌムの比率について特に言及しているが、ラテン語の tympanum はギリシア語の tympanon に由来し、それは元来小型の枠太鼓を意味した。また技術用語としては、むくの木材で作られた荷馬車の車輪、機械の胴、ローラーなどの円筒形あるいは円盤形のものを言い、さらに広く盤状のものも指したようで、ウィトルウィウスは扉の縦横の框の中に張られた鏡板を tympanum と呼んでいる。その鏡板を叩けばドンドンと音がするのを太鼓に擬したことからの呼称であろう。つまりそれらの形体は神殿のティンパヌムのそれとはかけ離れているのである。

　それではなぜその三角形の空間はティンパヌムと呼ばれたのであろうか。それについては、エウリピデスの『バッコスの信女』の次の叙述が示唆に富んでいる。この悲劇ではまずディオニュソスが登場する。その序言でまず、

　　ここはテーバイの国、これに参ったのは、
　　ゼウスを父とし、カドモスの娘セメレの
　　胎内より稲妻の燃え立つ焔の中に産声を
　　あげたディオニュソスであるぞ。

と宣言し、その後半で次のように告げる。

　　さて、リュディアの守り、
　　トゥモロスの嶺を後にして、
　　はるばると蛮夷の国より、
　　道連れとして率いてきた、
　　わが信者の女どもよ、
　　母神レアと俺とが編み出して、
　　プリュギアの名物となった、
　　太鼓（ティンパノン）を高くかざし、
　　このペンテウスの王宮のあたりで、
　　にぎやかに打ち鳴らせ。　　　　　　　　　　　　　　　　　　　　　　（55以下）

　ディオニュソス退場、コロスがテュルソスの杖を振り、太鼓を打ち鳴らしながら入場、それからバッコスの信女たちが崇拝する神を称えて歌う。その中の一節に、

　　クレタなる聖き洞よ、
　　そのむかし、ゼウスのここに生れまして、
　　3つの兜のコリュバンテスが、
　　岩屋の内に、獣の皮を輪形に張りて、
　　作り成したるこの太鼓。
　　鳴りとよもす太鼓の音に
　　プリュギアの甘き調べの笛の音を添え、
　　母なる女神レアの御手に捧げまつりぬ。
　　いざ起て、バッコスの信女よ、
　　いざ起ちて、
　　トゥモロスの黄金の峰の栄を偲ばせ
　　轟きわたる太鼓（ティンパノン）に合わせ
　　バッコスを称え歌えよ。…………　　　　　　　　　　　　　　（120以下，152以下）

とある。前段の「獣の皮を輪形に張りて、作り成したるこの太鼓」と訳される Byrsotonon

第 3 章　パルテノンの多彩装飾

kykloma は枠太鼓ティンパノンの説明であり、また後段の「轟きわたる太鼓」、BaryBromos ypo tympanon はまさにティンパノンがゼウスの雷鳴に比擬されている（ピンダロス『オリュンピア祝勝歌』8. 44）。そして、そもそもこの伝承のティンパノンの起源がゼウスの誕生と時と場所を同じくされていること自体、はなはだ寓意的である。さらにアポロドーロスの『ギリシア神話』によれば、レアはゼウスを孕（はら）んだときにクレタに赴き、ディクテーの洞穴でゼウスを生んだが、クーレーテスたちは武装して洞穴中で嬰児を守りつつ、クロノスが子供の声を聞かないように、槍をもって楯を打ち鳴らしたという（1. 1. 6 以下）。この話も、赤子のゼウスの泣き声が雷鳴のように響くので、槍で盾を打ち鳴らす音で掩蔽（マスク）したということを暗に言っているのである。

　ティンパノンはプリュギアのキュベレと同一視される神々の母レアとディオニュソスの祭祀で特に使われたが、これらの祭祀はティンパノンのけたたましい音が響きわたる荒々しく熱狂的なものであった（図36）。『ホメロスの諸神讃歌』の「神々の母への讃歌」(14) にも、

　　　この女神の愛でたもうものは、鳴子や太鼓（ティンパノン）の耳打つ響き、鋭き笛（アウロス）の音、狼や輝く眼をもつ獅子の吼え喚く声、こだまする山々、うっそうと木々茂る峡谷。

と歌われている。

　M. ヴェーグナーによれば、これらの祭祀では、ティンパノンのほかに青銅のキィンバラ（シンバル）（図37）、カスタネット、クロタロンなども使われたように、ギリシア人は実に多様な打楽器をもっていたにもかかわらず、どんな打楽器も神々の発明とは考えなかった。アテナがアウロス（フルート）を、ヘルメスがリラを、というように、神々を発明者としているのは管楽器と弦楽器だけである。またオリュンポスの高位の神々は誰ひとりとしていかなる打楽器も演奏したことがない。ディオニュソスの従者で格が低いサテュロスやマイナスたちだけが打楽器を楽しんだ。つまり打楽器だけはムーサイのもとではタブーであって、ギリシア人にとってそれは本来の意味での楽器ではなかったというのである。[24]

　しかしこの点については全く別の見方が可能であろう。バッサエのアポロン神殿のメトープにも、生まれたばかりの赤子のゼウスを呑み込もうとつけ狙うクロノスから、ニンフがキィンバラの音で赤子の泣き声を聞えないようにかばっている様子が描かれていたから、ティンパノンも、キィンバラも、すべて打楽器はゼウスの雷鳴に擬せられている。それ故に、ゼウスの

図36 〈クレオフォンの画家〉作赤絵式のペリケ、ティンパノンを打つマイナス、前430年ごろ：ミュンヘン国立古代蒐集、2316 (J.776); Barenreiter-Verlag.

専有物である雷鳴すなわち打楽器はオリュンポスの神々が演奏するのはタブーなのである。またサテュロスやマイナスが打楽器を打ち鳴らすのは、ゼウスの顕現を告げ、その母レアとその子ディオニュソスを崇め祭るためである。

　ヘシオドスの『神統記』に、

　　　詩歌女神(ムーサ)たちの口から流れ、彼女たちの百合花にも似た歌声が広がりゆくとき、雷轟ろかす父神ゼウスの館は悦びに満ちる。また雪を戴くオリュンポスの嶺と不死の神々の館はこだまする。　　（40 以下）

と吟じられているように、オリュンポスにはゼウスの雷鳴が轟き、こだましているが、まさにその寓意的表現がアクロポリス出土の破風彫刻に見い出されるのである。「ヘラクレスの神化」とも呼ばれるこの残存ペディメントには、左手に玉座に座すゼウス、そのかたわらに正面に向いたヘラ、そして右手にはオリュンポスに入場するヘラクレスの彫像が置かれていて、その頭上、傾斜コーニスの下にはアストラガル（連珠文）とよく似たモウルディングが施されている（図38）。すでに第 2 章において、アストラガルが雷鳴の視覚的表現であることについて考

図37　ラコニアのブロンズ製小像、キィンバラを持つ少女、前6世紀半ば：国立考古学博物館、アテネ

察したが、その原型ともみなされるこのモウルディングは、枠太鼓ティンパノンと 2 つの円盤を打ち合せたキィンバラが交互に並んでいるように見える。つまり、2 つの代表的な打楽器を表示することによってオリュンポスに轟く雷鳴を表しているのであろう。それでオリュンポスを象徴するペディメントの三角形の空間をティンパノン（ティンパヌム）と呼んだのではなかろうか。

　ティンパノンとキィンバラは小アジアの宗教的楽器に端を発し、キュベレ崇拝の熱狂的な祭式で使われたが、キュベレとレアが習合し、ディオニュソスの祭りが広まるなかで、ギリシア

図38 破風彫刻、「ヘラクレスのの神化」、前570〜550年：アクロポリス博物館、アテネ

に伝播したらしい。これらの楽器はホメロスやアルカイック期の叙情詩には見られず、5世紀に入ってまずピンダロスに現われ、ついでヘロドトス、そしてエウリピデスやアリストパネスに頻出するようになる。考古学的資料では、ティンパノンは前5世紀末のアッティカの壷絵に見られるが（図36）、キィンバラの最古の例はクリティアスのクラテル（前570〜560年、フィレンツェ考古学博物館）であるという。その時期は「ヘラクレスの神化」の彫刻のそれと一致している。ティンパノンとキィンバラはデュオニソスの祭式の打楽器としていっしょに将来されたに違いないから、そのペディメントを両者の楽器を象った繰形で飾った蓋然性はきわめて高いのである。したがって、碑文などによる確証はないけれども、遅くとも5世紀には、ペディメントの三角形の空間を雷鳴轟くオリュンポスとして、打楽器の代表ティパノンの名称をもってそう呼んだと推考される。そこでパルテノンのペディメントの彫刻を見てみることにしよう。

パウサニアスによれば、東側のティンパヌムにはゼウスの頭から生まれるアテナが表されていたが、その中心部はほとんどが失われている。いまマドリードにある古代ローマのレリーフに基づくと、その中でゼウスは玉座に座って右手に雷電を握っていて、彼の前には兜と盾とで

第 3 章　パルテノンの多彩装飾

図 39　マドリードのレリーフ、アテナ誕生の図：Collignon, M. Le Parthenon. *L'histoire, l'architecture et la sculpture*.1914.

図 40　カレーのスケッチ、パルテノンの西ペディメント：国立図書館、パリ、Collignon, 前掲書

図41 赤絵式のヒュドリア、アテナとポセイドンの争いの場面、前5世紀末〜4世紀初め：Archaeological Receipts Fund, Athens.

武装したアテナが右の方へ進まんとしている。アテナとゼウスの間には空中の勝利の女神がアテナの頭上に冠をおこうとしている（図39）

　またカレーの描写によれば、西側のティンパヌムはアテナとポセイドンのアテナイの領有をめぐる争いである。その中央にはポセイドンとアテナが互いに後に退くように立っていて、アテナの傍らには2頭の馬がいる（図40）。

　ときにペラのアゴラから出土したアッティカの赤絵式のヒュドリアは前5世紀末ないし前4世紀初めとされるものだが、この壺にも西側のティンパヌムと同じ場面が描かれている。その中央には小さなオリーブの木の上にゼウスの雷電が大きく描かれ、その左にアテナ（頭部と足先が残存）とその木をまさに授けんとするニケがいる。雷電の右側は三叉の矛を手にしたポセイドン、そして彼の馬と妻アムトリテーが続く（図41）。

　E. シモンは、この壺絵の場面を根拠として、アテナとポセイドンの対決を中止させるためにゼウスが放つ雷電がパルテノンの彼らの彫像の上にも存在したはずだ、と推論している[26]。要するに、当時のギリシア人はパルテノンの東・西のティンパヌムにゼウスによる雷鳴の轟きを感じ取っていたのである。

　アナクサゴラスは、「雷鳴は雲の衝突」だと言っているが、これは、まさにキィンバラの音が2つの青銅の円盤を互いに打ち合うことによって生じるものであることからの着想であって、形態あるいはイメージが観念に先行することの例証といえよう。

　オルランドスは、ティンパヌムの背景としての垂直面は赤で塗色されたであろうとしているが、その配色についてはミュケナイのアトレウスの宝庫の正面を思い起させる。その三角形の部分には濃赤色の板石がはめられていた（図31）。ドリス式オーダーにおいて三角形のティンパヌムの背景は、その彫刻のテーマとは無関係に、雷鳴轟く火の始源たるオリュンポスとして赤でなければならないのであろう。

ドリス式オーダー

　アナクサゴラスは、すでに言及したように、宇宙を構成する物質を上方から下方へ、火、空

気、水、土の 4 種と構想したが、彼は高天すなわちアイテール、aither の語源を aithein (燃えるの意) と考えて、アイテールを火 pyr と同一視した[27]。前 4 世紀のアリストテレスはアナクサゴラスの構想をさらに進めて、宇宙における諸元素とその層状配列を次のように規定している。『気象論』によれば、5 つの元素があって、それらが宇宙のいちばん外の天界とその下の下界を構成している。天界と下界は接続していて、天界は下界における運動の原因である。下界には中心に土 (大地) があって、その同心円状の層に水、空気、その上に火が整然と配置されている。火は熱の過剰であり、いわば沸騰のようなものである。それは天界(アイテール)の元素の熱によって生じるが、蒸発した火も上へ運ばれる。この層状配列は固定していない。乾いた土地は水よりも高く出ており、また火は大地の上で燃える。4 元素はつねに相互変化するのである。

さらに、アリストテレスは『宇宙論』のなかで、ホメロスの次の 2 つの詩句、

　　神々の座がつねに揺るぎなく存続すると人のいうオリュンポスへ、そこは風に揺すぶられることもなく、雨に濡れることもなく、雪も近づくことはない、むしろ雲もなくアイテールがひろがり、白い輝きが流れている。　　　　　　　　　　　　(『オデュッセイア』62. 42-45)

　　ゼウスはアイテールと雲のなかに広々した天を獲得した。　　　　　　(『イリアス』15. 192)

を引いて、天界についてこう説明する。

　　神は真中——そこには地にして、このうるさい場所がある——ではなくて、上部の清浄な場所に清浄なまま安座している。その場所を、上部 (ano) の限界 (oros) であるところから、文字どおりウラノス (ouranos) と呼んでいる。また、全体が光り輝き (ololampes)、われわれのところで嵐やはげしい風のために起こるような、あらゆる暗闇と無秩序な運動から切りはなされているので、オリュンポス (olympos) と呼ぶのである。　(『宇宙論』6. 400a, 5 以下)

実は、このようなホメロス、アナクサゴラス、そしてアリストテレスへと続く宇宙観が、パルテノンのドリス式オーダーとその配色に具現されているのである。オルランドスの復元に基づく模型によってそれを見てみよう (図 42, 43)。

まず火の始源であるオリュンポスを象徴するティンパヌムの背景は赤、ペディメントの傾

斜コーニス上端はハート形の文様（青の地に赤）、そしてそのコーニスの上端部、コロナ（またはシマティウム）は無地に金色のすいかずら模様で飾られる。ペディメントの頂端と両端にある頂華、アクロテリオン（フィニアル）は金色のパルメットの大きな花のような装飾物であるが、花の要素はパルメットの意匠の変形として古くからあって、中央のアクロテリオンや、のちには大理石建造物の彫刻的題材に特に目立つようになる。⁽²⁸⁾

さて、ペディメントの三角形の部分は天界すなわちアイテールとしてのオリュンポスである。そうであるならば、シマティウムの金色のすいかずら模様や大きな花のようなアクロテリオンは単なる植物文様ではなくて、それらはアイテールの「蒸発した火」とオリュンポスに漂う「白熱の輝き」だと見ることができよう。そして金色はすべてアイテールの神ゼウスの顕現を表す色である。これらの装飾は、まさにホメロスのオリュンポス観に合致する効果を生むとともに、頂に近づくにしたがってより華麗になるようにデザインされているのである。

水平コーニスの上部の四角な突出、コロナの嘴繰形は、赤と青が交互の葉形装飾から成っている。水平コーニスの上に沿って並ぶ軒鼻飾りはパルメット形で、これもまた金の縁取りに赤と青交互の葉形であり、そして一方ライオンの頭の樋嘴は金色である。

ペディメントが天界を表わすとすれば、水平コーニスは天界と下界の境界であるように見えるが、注目すべきことに、そのドリス式特有の嘴繰形は上部の凸面とその反転の凹面の下部から成っていて、凸面と凹面の色が赤から青、青から赤と交互に変化するのである。それは、あたかも天界と下界は接続していて、火（赤）と水（青）はつねに相互変化していることを表しているかのようである。つまりパルテノンの彩色法がアリストテレスの宇宙論を生んだとさえ考えられるのである。この嘴繰型は神殿四周の壁上部に走るイオニア式フリーズと神殿東西の壁端柱の柱頭にも見られる重要な装飾要素である（表紙、本章扉絵）。

コーニスの下面のミューチュールは青、そしてグッタエは無色である。ミューチュールの間の道すじは赤で、その色はコーニスの下面全体に広がっていて、神殿隅部の下面は赤地に金色のすいかずらの組み模様で飾られる。ミューチュールの下のメアンダーは赤地に金色、そしてドリス式では変則的であるが、トリグリフとメトープの上にはアストラガルが刻まれていて、それは当然金色であろう（図44）。すでに見てきたように、ミューチュールとグッタエは雲と雨滴、メアンダーとアストラガル（連珠文）は稲妻と雷鳴を表わす。天界の火（赤）の下にゼウ

図42　パルテノン、北西隅の遺構：著者撮影

第 3 章　パルテノンの多彩装飾

図 43　復元模型、パルテノンの北西隅

図44　復元模型、コーニスとフリーズの細部：ミューチュール、グッタエ、メアンダー文、アストラガル

スの黒雲、アリストパネスの『雲』にいう「露けき雲の水の雨」が天空を覆うと、稲妻が走り、雷鳴が轟く。それはギリシア人が希求した気象なのである。

フリーズのトリグリフは青、そしてトリグリフと連結するメトープの上の帯も同色で、フリーズを全体的に統合している。トリグリフはポセイドンの象徴、三叉の矛を象っているから、それは下界すなわち地上と地下のあらゆる水分（青）をポセイドンが支配していることを表している。

フリーズとアーキトレーブを区切る帯、タエニアは金色のメアンダー文、その下レグラの平縁は金色のロータスとパルメットの文様で飾られ、レグラのグッタエは無色である（図45）。

ヘシオドスの『仕事と日々』に、

祈りを捧げよ、地のゼウスと聖いデメテルに、デメテルの聖い穀物を重く熟れさせたま

第 3 章　パルテノンの多彩装飾

図 45　復元模型、フリーズとアーキトレーブの細部：タエニア、レグラ、グッタエ

え、と、……こうして穂は豊かに熟れて地に垂れるだろう、オリュンポスのゼウス御自身がこのあとよい結果を授けたもうなら。そこでおまえは（貯蔵）瓶の蜘蛛の巣を払うことができるだろう。そして願わくば、内に貯えた糧食に自ら得たおまえが大喜びするようであってほしいのだ。

(465 以下)

と謳われているが、「地のゼウス」とは何であろうか。アイスキュロスの『救いを求める女たち』に見える Ktesios Zeus (445) は「家や財産の守護神ゼウス」という意味で、蛇の姿で表わされる。言うまでもなく、蛇は大地の精霊であるから、「地のゼウス」はそのようなゼウスの属性を指しているのであろう。そうであればこそ、「地のゼウス」と「聖いデメテル」に祈り、耕作に励めば、穀物の穂は実り、家の糧食が貯えられるように、ゼウスが守ってくれるだろうと、ヘシオドスは説くのである。

　さらに蛇の蛇行する動作はゼウスの稲妻に擬せられる。すなわちタエニアのメアンダー文がそれであって、レグラのロータスとパルメットはデメテルの聖なる穀物の垂り穂を表す。そ

して、その下のグッタエは、ホメロスが「伸びゆく麦の穂に露がおりたように」(『イリアス』23. 598) と歌った、まさにその露であろう。垂り穂は露に濡れ、輝く、そして滴となって大地に落ちる。

タエニアの下、アーキトレーブ、ホメロスの「ものみな養う大地」、ヘシオドスの「胸幅広き大地」はすべて淡黄土色である。そして同色の柱、アトラスが天地を支えるが、柱頭のエキヌスの下に反復する小さな平縁、アニュレットは交互に赤と青である。その赤と青の補色は上部の荷重とそれに反応する応力との相反作用をいっそう効果的に表現しているように見える。

イオニア式装飾

まず、ドリス式円柱列の内側、神室の側壁端部の柱形すなわちアンタの柱頭を見てみよう (図46)。その最上部はコロナのそれと同じ嘴繰形で、赤と青が交互の葉形装飾であるが、その下はオヴォロ (卵舌文) とアストラガルである。オヴォロの地は青、卵形の部分は無色、その縁は舌形とともに金色である (図47)。嘴繰形の下はいわば下界、膨張していままさに爆裂せんとする雲から雷電が放たれようとしている。そして雷鳴が轟く。パルテノンのプロナオスとオピストドモスの前面両脇をゼウスの神威が守り固めているのであろう。

周柱廊の格天井は段々とせり上がっていく連続した線の断面形になっていて、格間の曲線の蓋は青地に金のロータスとパルメットを組み合わせた放射状の星形で飾られている。その下には2段にわたってオヴォロの繰形 (卵鏃文) が施され、格間の底面の平帯は金のメアンダーとアストラガルである (図48, 49)。

その格間の蓋の十字に配されたパルメットは確かに植物模様のように見えるけれども、むしろ前出の、オリュンピアの貨幣の装飾的な雷電の意匠 (図32) や、赤絵式ヒュドリアの雷電の形 (図41) と酷似している。さらに中心の星形についても、それを雷電の放射光と見たほうが妥当であって、まさに天空に顕現する雷神ゼウスを表象している。その下方に2段にわたって、オヴォロの繰形に卵形と交互に描かれている矢形は、クレタの貨幣に刻まれているものと同じである (図19)。ヘシオドスが言う「大いなるゼウスの矢」がオリュンポスから次々と放たれる。そしてメアンダーとアストラガル、雷鳴とともに閃く稲妻が天空を覆う。

第 3 章　パルテノンの多彩装飾

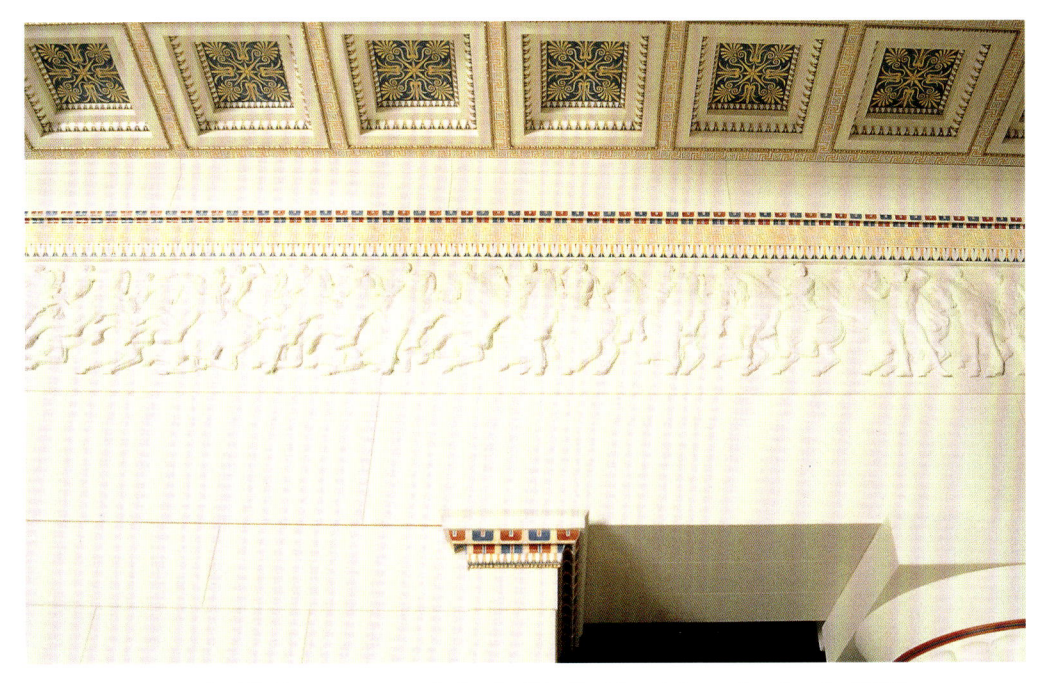

図 46　復元模型、パルテノンの柱廊の北西隅：格天井、イオニア式フリーズ、壁端柱

図 47　復元模型、壁端柱の柱頭：嘴繰形、オヴォロ、アストラガル

図48 復元模型、格天井の平面と断面：ロータスとパルメットのパターン、2段のオヴォロ、メアンダーとアストラガル

第 3 章　パルテノンの多彩装飾

図 49　復元模型、イオニア式フリーズの装飾帯：嘴繰形、二重のメアンダーとシーマ・レヴェルサの繰形

神殿周囲の壁上部に走るイオニア式フリーズの装飾帯は格天井の意匠の連続である（図49）。すなわち、天界と下界の境界としての嘴繰形の下は精巧な二重のメアンダーとシーマ・レヴェルサ（葉舌文）であるが、これらについてはもう多くの解説を要しないであろう。つまりヘラクレイトスが「万物を雷電が舵取る」と言ったように、世界総体を支配するそのゼウスが見守るなかをパンアテナイア祭の行列は進むのである。まことに壮麗な叙事詩だといえよう。

　なお、上述の考察において、赤、青と記した色は、言うまでもなく、各々ミルトス（暗赤色）、キアノス（暗青色）を指している。

フリーズ上部のメアンダーとアストラガル、パルテノン

彼らはゼウスの寵を受ける王の宮殿の中へ入って眼を見張った。その名も高きメネラオスの宏壮な宮殿の中は、さながら陽光か月光に照らされた如く輝いていた。
　　　　　　　　　　　　　　　　　　　　　　　　　『オデュッセイア』4. 42以下

ペンテリコン産大理石パネルを透過した光（2.8cm厚）、聖ピウス教会、メッゲン

第４章　パルテノンの採光

第4章　パルテノンの採光

　最近の発掘に基づく研究は、パルテノンの東側の壁には2つの窓があったと復元している[1]（図50, 51）、その内容にはなお議論の余地があるが、ともかくそれまでこの神室を囲む壁体には全く窓はないと信じられていたので、かつてその採光法に関する様々な諸説が提案された。例えば、ファーガソンは屋根にかくされた高窓（クリアストリー）が並んだ側壁の方法を主張し[2]、ベッティハーは野天の開口（ハイピースラル）を想定した[3]。けれども今日ではいずれも根拠のない憶説としてしりぞけられ[4]、採光は東の戸口からのみであったとするデルプフェルトの見解が定説となっている[5]。

　ところが、採光法についてはさらにもう1つの説があった。それはペンローズによるもので、彼はパルテノンの屋根はパロス島産の大理石で葺かれていたとし、その実測図も掲げて、この大理石の透光性が神室の照明にもある程度有効であったと推測した[6]。しかしこの意見は、パロス島産大理石が最も透光性が高いとする誤解に基づいていたので、パルテノンの屋根瓦が地元アッティカのペンテリコン山採石場からの大理石であることがはっきりしてからは、皮肉にもほとんど顧みられることがなかった。ディンズムーアもまた大理石瓦の採光上の有効性にはほ

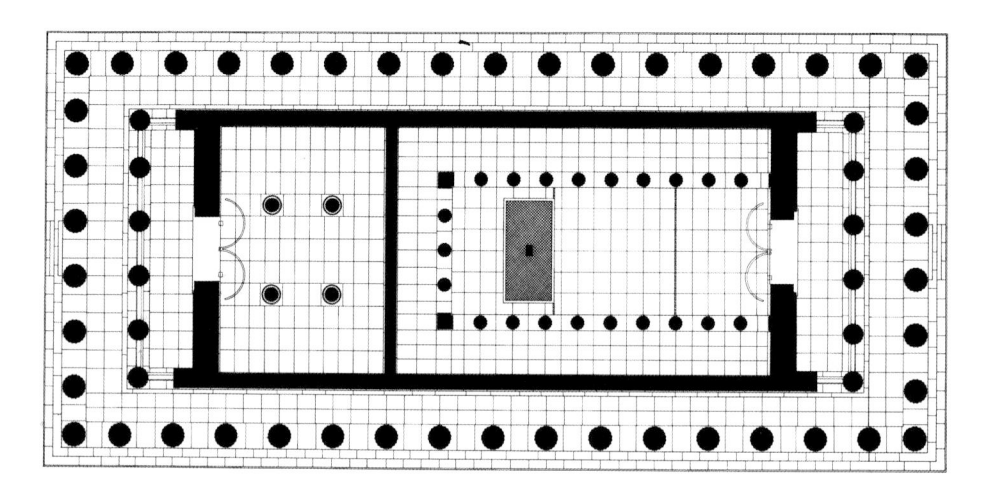

図50　パルテノン、オルランドスによる復元平面図：Orlandos, 前掲書

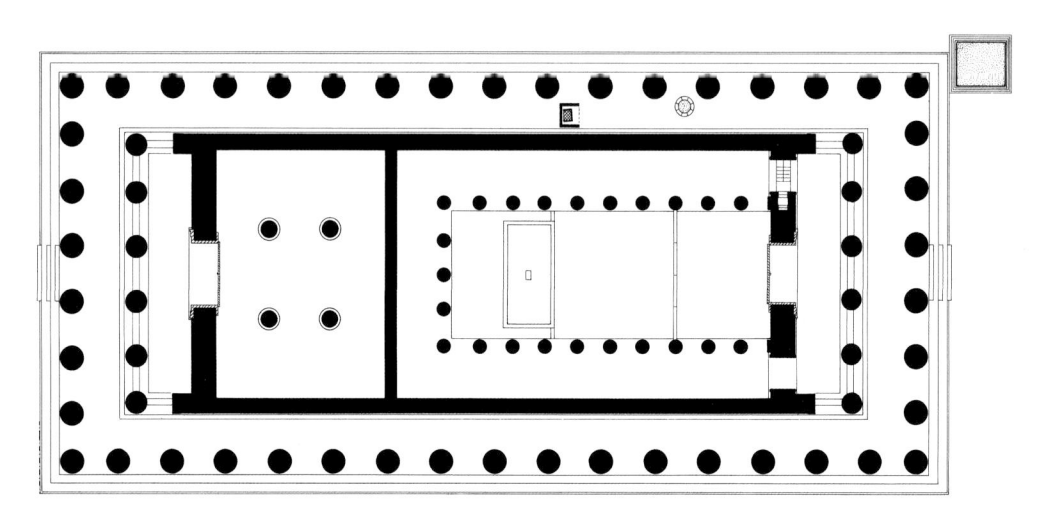

図51　パルテノン、M. コレースによる最近の調査に基づく復元平面図、東側（右）に2つの窓を推定：Korres, M. The Architecture of the Parthenon, *The Parthenon and Its Impact in Modern Times*.

第 4 章　パルテノンの採光

とんど否定的である。
(7)

　だが実は、パルテノンの大理石瓦がテラコッタ瓦のように野地板や葺き土の上ではなく、直接垂木の上に置かれていた事実にもっと注目すべきなのである。ロバートソンによれば、大理石瓦は前 6 世紀に現われはじめ、前 5 世紀以降の主要な神殿において、それがテラコッタ瓦に取って換わったという。
(8)

　大理石は、石灰岩が変成作用を受けて、粗粒または微粒の方解石の集合塊となった結晶質岩石であって、白大理石はその結晶構造による一定の透光性を有していることが知られている。したがって、古代ギリシアの神殿の屋根瓦に使用されたナクソス島・ペンテリコン山・パロス島産の各大理石の透光性をまず検証する必要があるのである。そこで筆者は先行研究の調査結果をもとにパルテノンの大理石瓦の形状・寸法を確認し、その平瓦と同厚、上記 3 種の各 4cm 厚の大理石試料を準備し、それらの受光面直下の照度と透光率を測定した。そしてこのデータをもとに神室内の照度を再現するための模型実験を試みたのである。

天井の問題

　パルテノンの神室に天井があったのか否かということは、議論されてきた問題である。パルテノンの前室（プロナオス）、後室（オピストドモス）、翼廊（プテロン）は、大理石製の格天井で飾られていたことが確認されているが、神室の詳細ははっきりしない。ディンズムーアやスティーブンスは天井が存在したものと考え、オルランドスも同様の見地からその復元図に木造の格天井を描いている（図 52）。しかし、その復元は考古学的証拠に基づくものではなくて、概ね古典や碑文といった文献の解釈に依拠しているのである。

　例えばストラボン『地誌』、オリュンピアのゼウス神殿のゼウスの巨像についての記述に、

　　それは実に巨大で、神殿がこの上なく大きいのに、工匠が（神殿と像の）釣合いをとり損ったのかと思わせるほどであり、坐形に造ってあるのに、頭部は屋根にふれんばかりだから、もしも像が立ち上がって立像になったら神殿の屋根が無くなるだろうと思わせるほどであ

る。　　　　　　　　　　　　　　　　　　　　　　　　　　　　　　　　　(8. 3. 30)

　とあるが、ここで「屋根」と訳している orophe を「天井」と解釈して、ゼウス神殿に天井があったのだから、パルテノンも同様であったはずだと主張する意見がある。確かに現代語では、通常 orophe は天井のこと、屋根の語は stega であるが、古代語ではかなり意味が異なるようである。次の用例：

　　神殿の orophe として、別の一枚石が上に載せてあり、これによって4ペキュスの蛇腹が
　　形成されている。　　　　　　　　　　　　　　　　　　　　　　　　(ヘロドトス、2. 155)

　　神殿の orophe の上に瓦を敷くことに、……　　　　　　　　　　(エレクテイオンの碑文)[10]

の orophe は屋根を指しているのは明らかである。またホメロスの『オデュッセイア』(8. 266 以下) に、ヘパイストスが不倫のアフロディテとアレスを捉えるために仕掛けた罠、蜘蛛の糸のように細い鎖の網を、「melathrophin からも幾重にも垂らした」とあるが、melathrophin あるいは melathron は「屋根の柱」、「棟の束」を意味するところから、「屋根」も指すのである (『イリアス』、2. 414；『オデュセイア』、18. 150)。つまりこの語は屋根の小屋組ということが原義なのである。さらに『オデュッセイア』(22. 292)、オデュッセウスの屋敷の広間で求婚者を誅殺する場面に、「この時アテナが、人を滅ぼすアイギスを orophe から高く掲げて見せた」とある。女神アテナは小屋組の梁の上に立ってアイギスを掲げているのであろう。そうならば、orophe はすなわち melathrophin ということになる。オルランドスは、orophe の語を、①建物の屋根の内側あるいは天井；②屋根を構成する木材、と定義しているが、それは上記の考察のような認識に基づくものであろう[11]。要するに、orophe は屋根葺き材とそれを支える木構造全体を意味する語だといえる。

　そういう訳で、ホメロスの時代の宮殿や住宅のメガロンにはいわゆる装飾的天井はなくて、屋根の木組がそのまま見えていたのである。『イリアス』に、「高い屋敷を建てる高名な大工が、風の力を防ぐべく組み合わす切妻屋根の垂木のよう」(23. 712 以下) というホメロス風比喩に示されているように、古代ギリシア人はその力強い屋根組の意匠に満足し、かつそれを賞美していたと思われる。しかし、それでは神殿はどうか、パルテノンの周柱廊には大理石の格天井がある、神室に木造の天井があって当然ではないか、という反論が予想される。

第4章　パルテノンの採光

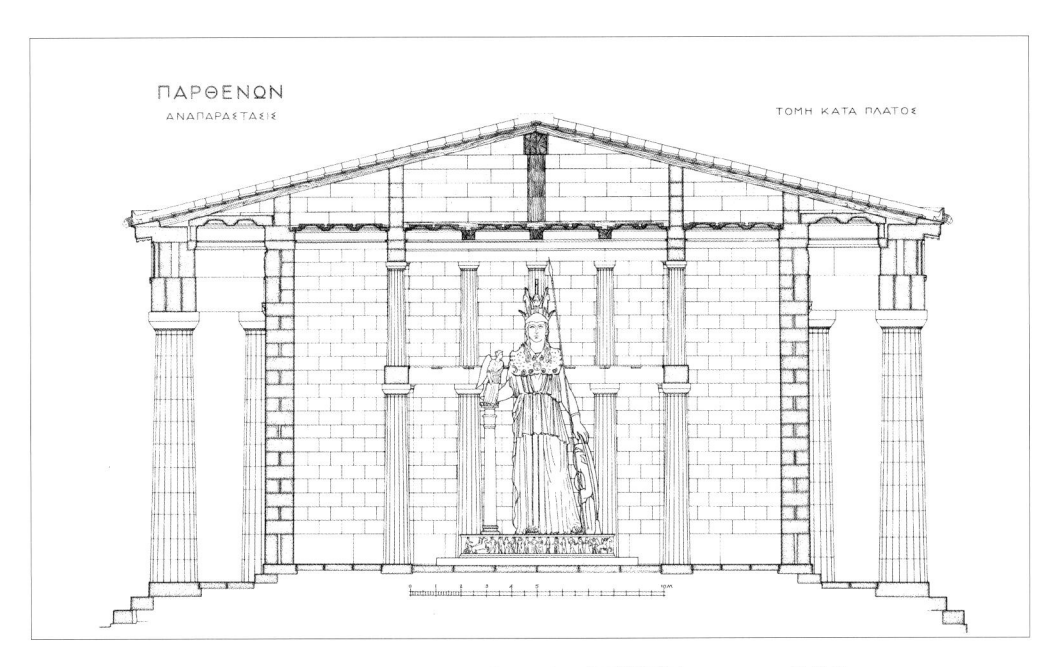

図52　パルテノン、オルランドスによる復元断面図：Orlandos, 前掲書

　これに対しては、プラトンの『クリティアス』、有名なアトランティスの物語の記述が有力な解答となろう。

　そしてポセイドン自身を祀る神殿は縦1スタディオン、横3プレトロンで、その高さはこれらと調和がとれて見えるように気が配られていて、どこか異国風の感じのする建物であった。それで、王たちはこの神殿の外側をすっかり銀板で覆ったが、アクロテリオンは別で、そこには黄金の板をかぶせた。そして内側の orophe には一面の象牙をかぶせ、金や銀やオレイカルコスの飾りつけをして変化をもたせるとともに、その他、壁や柱や床にはびっしりとオレイカルコスを敷きつめていた。なお、この神殿の中にはたくさんの黄金像が安置されていたが、その1つに、戦車の上に立って翼をもつ6頭の馬を駆しておられるポセイドンの、orophe の棟 (koryphe) にとどくほど巨大な神像があり、そのまわりには海豚(いるか)にまたがった100体のネレイデス像があった。

(116. C-D)

いわゆる平らな天井には棟などはないのであるから、ここにいう「orophe の棟」とは、明らかに屋根の棟すなわち切妻屋根の頂を指している。そしてプラトンはオリュンピアのゼウス神殿やパルテノンを念頭においてこの神殿の様子を書いているに違いないから、これらの神殿の神室全体にも天井はなかったことになろう。

そこで、まずパウサニアスが記すゼウス神殿の神室についてあらためて見てみよう。

　　　神殿の内部にも円柱が立ち並び、室内上部にも列柱廊。この廊を通って神像に近付く通路がある。また、屋根へ昇る曲がりくねった通路も作ってある。　　　　　　　(5. 10. 10)

要するに、神室は縦 2 列のドリス式柱列で身廊と両側の側廊に分けられ、各々 2 層の柱廊は 7 本の柱で構成され、その柱廊が支えている屋根組は身廊から仰ぎ見られたのである。そしてパウサニアスの記述によれば、側廊の上には巨像に近づく目的で設けたと思われる廻廊があったらしい。さらにそこから orophe への回り階段のような通路があったというのだが、この orophe は屋根裏すなわち屋根組の空間を指しているのであろう。

パルテノンの神室にはΠ形の柱廊があって、それは、ゼウス神殿のように、2 段に重なった縦列 10 本、横列 5 本の柱からなるドリス式柱廊がアテナの黄金象牙像を囲んでいた。したがって、ここでも身廊の上には天井はなくて、梁間約 10m に架け渡された大きな梁とともに屋根組全体が見えたはずである。そして屋根裏へは厚い東壁（厚 2.05m）の中の階段で導かれた。パルテノンの神室にはゼウス神殿のような廻廊はなかったようである。

さて、次は stega であるが、アイスキュロスの『アガメムノン』(3) やエウリピデス『タウリケのイピゲネイア』(48) に、明らかに屋根を意味する例が見られる。ところが、orophe の語源の orophos が「家屋を葺くのに用いられる葦」を意味するのに対して、stega は「しっかりと覆う」「水を通さない」という動詞からきていて、stega は元来「覆い」「覆われた場所」を意味するのである。ヘロドトスは stega の語を、「屋根」(6. 27) のほかに、「小屋」(2. 2)、テントのような「覆いのある中庭」(aylaiKatastegoi, 2. 148)、「1 個の石材で造られた部屋」(2. 175) の意に使い分けている。このように両語の用例や語源をたどってみると、stega よりも orophe のほうが屋根という実体に合った語であることが理解されよう。

第4章　パルテノンの採光

　オリュンピアのヘラ神殿についてのパウサニアスの次の記述は、両語の違いをよりはっきり示している。

　　彼が壮年の頃にヘライオンのorophe が傷んだため、エリスが修理した。その折に、傷を負った重装歩兵の遺骸1体が、装飾を施したstegaと瓦を支えるorophe との間から見つかった。
　　　　　　　　　　　　　　　　　　　　　　　　　　　　　　　　　　　　　(20.4)

　この記述の中のorophe は屋根、stegaは天井を指していることは明白であるが、この天井は神室のそれではなくて周柱廊の格天井であろう。これと屋根とのわずかな空間に遺骸が横たわっていたというのである。

屋根瓦の形状

　パルテノンの屋根瓦を詳細に調べ、そして著書にはじめて実測図と復元図を示したのはペンローズである（図53）。それによれば、切妻屋根の斜面を構成する大部分の瓦はコリント型と呼ばれるもので、両側の縁が立ち上がった平瓦（flat tile または pan-tile）と平行に並んだその縁の間を覆う角瓦（ridge tile）から成っている。

　ペンローズの図面から、大理石瓦の形状、寸法、組み合わせがおよそ知れるので、筆者は、デゥルムによる同様の実測図も参照し（図54）、またパルテノンの修復現場の屋根瓦の展示も観察した上で、瓦葺きの一部を示す復元模型を製作した（図55）。

　平瓦では、幅69cm、長さ77cm、厚さ7cmの大理石板が平なべ（pan）の断面に形づくられ、上面は磨かれ、両側の立上がりは粗面である。上方の瓦の先端は、上下の瓦の重なり6cm分だけ下方の瓦の平なべの形に合うように成形される。瓦の裏面は平瓦が垂木の上でずり落ちないように垂木上面の三角形の瓦桟にぴったり合う形になっている。その平らな部分は粗面仕上げである。また上下の瓦が重なる部分には気圧差や毛細管現象による雨水の浸入を防ぐための微妙な水返しや水切りの加工も施されていた。これらの平瓦は平行に並べられ、互いに隣接する立ち上がりの縁の部分は切妻屋根のような角瓦で覆われる。そして角瓦の上端下面にはほぞ穴

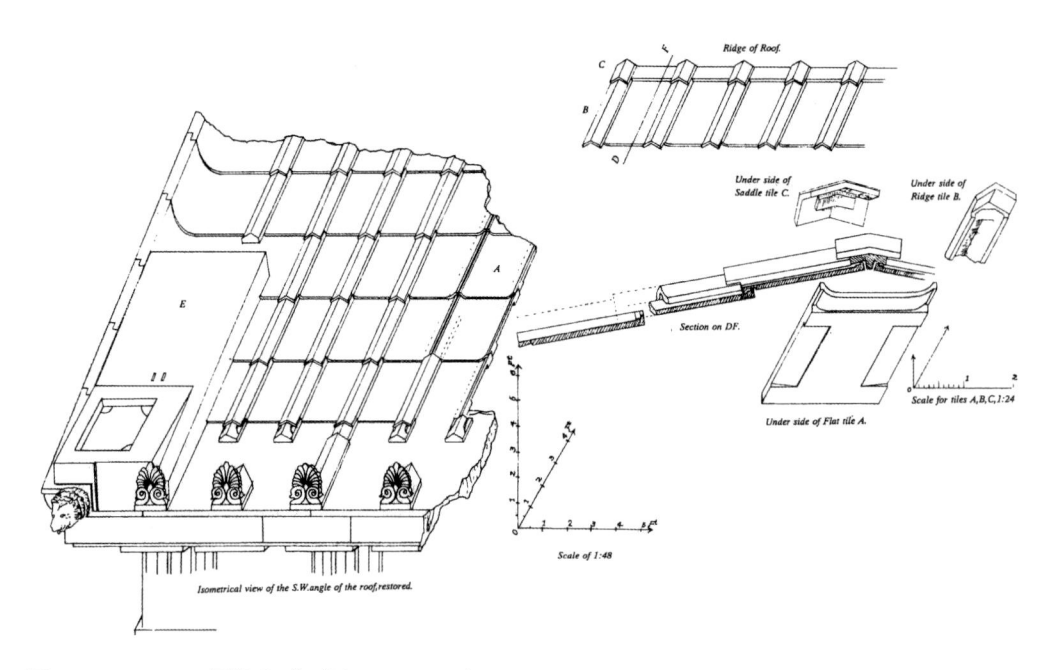

図53 パルテノンの屋根瓦の復元図、ペンローズによる : Penrose, F.C. *An Investigation of Principles of Athenian Architecture.*

があって、それと一致する平瓦の穴とが金属のだぼで接合された。角瓦がずり落ちないように固定するためである。デゥルムの実測図には、平瓦のこの2つの穴が描かれている[12]（図54）。

　オルランドスによれば、角瓦には2つの型、幅24cmのA型と幅35.5cmのB型があって、A型2列ごとの間にB型が配列された（図56, 57）。パルテノンの屋根瓦の大部分は、オルランドスの復元図によって計算してみると、平瓦4224枚、角瓦A型2888枚、角瓦B型1364枚となる。それらはパラディグマ（paradeigma）とよぶ原型模型（実物大の見本）にしたがって大量生産された[13]。これは、計測器が未発達であった時代には、正確な規格品を生産するための最も有効な道具であったのである。

第 4 章　パルテノンの採光

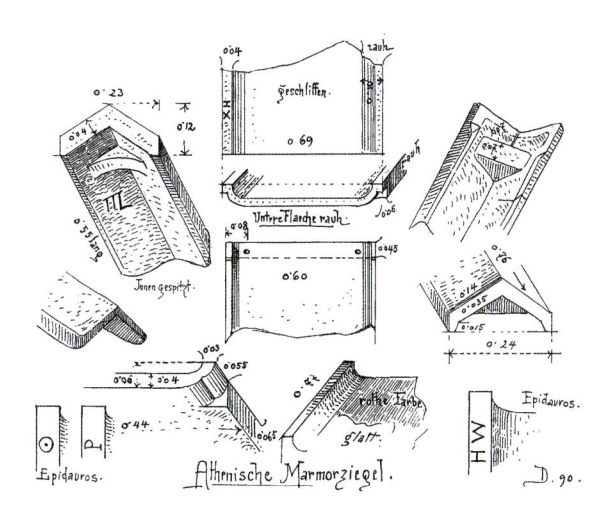

図 54　アテナイ式屋根瓦、J. デゥルムによる：Durm, J. *Die Baukunst der Griechen*

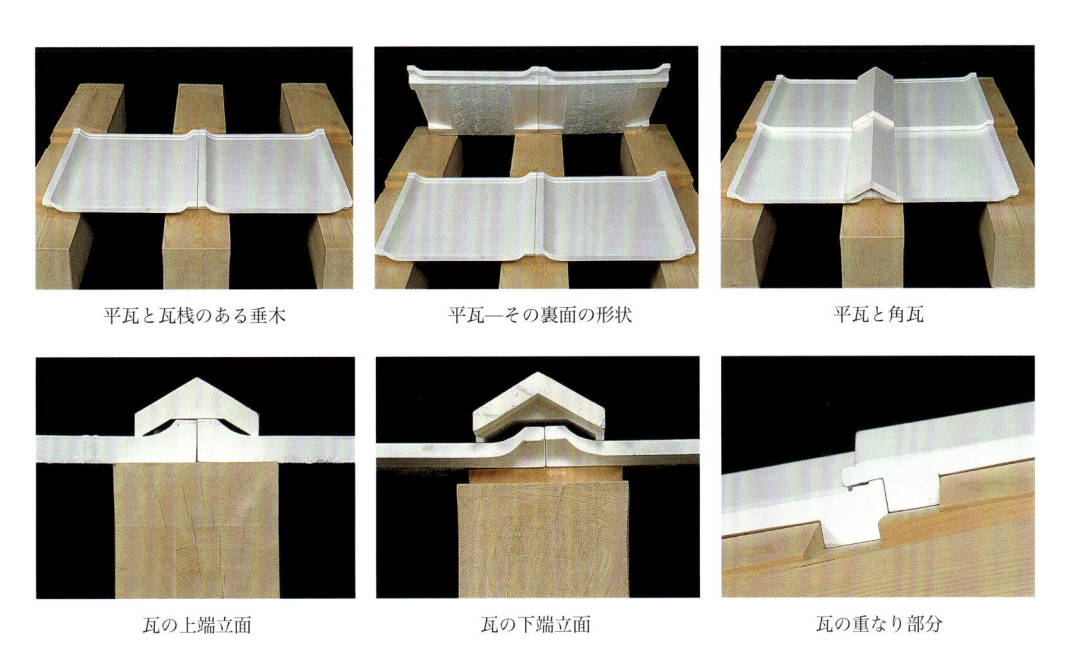

| 平瓦と瓦桟のある垂木 | 平瓦―その裏面の形状 | 平瓦と角瓦 |

| 瓦の上端立面 | 瓦の下端立面 | 瓦の重なり部分 |

図 52　復元模型, パルテノンの瓦葺きのディテール

図56　角瓦A・B型の配置、オルランドスの復元図（部分）：Orlandos、前掲書

図57　復元模型、パルテノンの北西隅の屋根

第4章　パルテノンの採光

大理石試料の特性

　パウサニアスはオリュンピアのゼウス神殿の屋根瓦について特に言及している。すなわちその瓦は焼成煉瓦ではなくてペンテリコン産の大理石を瓦の形に仕上げてある。この製法はナクソスのビュセスが発明したという。話によると、ナクソスにはこの工匠の手になる神像があって、その詩銘に、

　　わたしをレトの子に捧げたのは、ナクソスのエウエルゴス、
　　大理石瓦をはじめて創り出したビュセスの子　　　　　　　　　　　　　　　　(4. 10. 3)

とある。ビュセスは、リュディア王アリュアッテスの時代、キュアクサレスの子でメディア王のアステュアゲスの治世の人である。

　リュディアのアリュアッテスの時代は前6世紀の初めからである。伝承によれば、ビュセスは平面中軸に柱のある神殿(オイコス)を再建したが、それは大理石瓦で葺かれていたという[14]。事実、コントレオンスによって発見されたサングリの神殿の屋根瓦は厚2〜4cmのナクソス産大理石であった[15]。

　ギリシアの大理石を広範に調べた地質学者のレプシウスは、より古い時代のいくつかのギリシア神殿の屋根瓦がナクソス産であることを発見したが[16]、これは、大理石瓦の発明はビュセスだという上記の詩銘と付合し、それは上述のような屋根瓦の製造がある時期においてナクソスの主要な産業であったことを明らかにしている。それで、デルプフェルトはゼウス神殿の当初の瓦はパロス産だと言ったのだが、レプシウスはむしろナクソス産によく似ているという意見だったのである。いずれにしても、当初の瓦の大部分がのち、明らかにローマ時代に、ペンテリコン産の瓦に葺き換えられた[17]。このことはパウサニアスが確かに彼の時代、およそ2世紀、そうであったオリュンピアを記述したという証左である。さらに、レプシウスは、アテネで発見された前480年前後の建物の屋根瓦はペンテリコン産のものであると言っている[18]。

ナクソス産大理石は氷のような外観で、2mm以上の大きさの方解石粒から成る。粗粒塊であるが故によく光を通す。その点は次節で確かめるが、この大理石はウィトルウィウスが「あるところでは塩粒のような透明さをもった塊が産出する」(7.6)と記したものと同種であろう。したがってナクソス産大理石はその透光性のために屋根瓦に使われた材料であったと考えられるが、この大理石は結晶粒が粗いので、きわめてもろく、角欠け、ボロつき、割れなどの加工上の欠点がある。

　これに比べて、パロス島産大理石は輝く雪のように白く、0.2～0.3mmの細粒から構成されている。したがって、その緻密な微細粒の大理石は神殿の彫刻的装飾物のために、前447～446年に建てられたヘパイストス神殿でさえそうであったように、アルカイック期初期の工匠たちに好んで使われた。

　しかし、ペリクレスが企画したパルテノンはこの慣行を破って、フリーズやペディメントの彫刻のために敢えてペンテリコン産大理石を使用した[19]。平均0.5mmと比較的粗粒で、しかもところどころに雲母のしまのある大理石であるにもかかわらずである。それは、パルテノンの総監督フェイディアスが、特に屋根瓦に関して、その材質の耐候性を重視したからであろう。ペンテリコン産大理石はパロス島産に比べて吸水性が少ないので風化しにくいのである（図58）。

　モニュメントとしての彫刻を創る最初の仕事場、証明されうる限り、それはナクソス島であった。パロス島で、ナクソスのニカンドレによって奉納されたナクソス島産大理石製のアルテミスの等身大像は前7世紀半ばに遡る。デロス島で発見された手足を欠く2体の青年像(クーロス)もまたナクソス産で前7世紀のものである。ナクソスでは少なくとも1世紀のあいださまざまな作品が数多く制作された。しかし前6世紀の半ばから、パロス島産大理石の作品がギリシアの市場においてナクソスのそれらを凌駕する。オリュンピアでは、ゼウス神殿のペディメントの彫像はパロス島産である。それ以来、アテナイの彫刻家そして建築家でさえ、前5世紀半ばに至るまでこの大理石を好んで使ったのである。

　ギリシアの彫刻家の主たる関心事は、人体そのものの可塑的構成と動作の法則、そしてボリュームのある着衣のより自由な線の交錯と面的形状であった。アルカイック期の初期の彫像、その青年像(クーロス)や少女像(コレー)は厳格な様式によって堅いポーズをとっている。衣装の折り目は浅く、形式的かつ装飾的で、そのディテールはきわめて図式的である。ところが前5世紀初めになる

図 58　大理石試料（M1・M2・M3）の特性

No. 試料	M1 ナクソス産	M2 ペンテリコン産	M3 パロス産
大理石試料の表面写真*			
外　見	粗粒のため光を通し氷のような外観	銀色がかった緑の縞がところどころにある雪白色	きらきら光る細粒の雪白色
鉱物学的構成	主たる構成物は方解石（98%）で石英を含む、高い透光性	主たる構成物は方解石（98%）で緑泥石と白雲母の鉱脈がある	主たる構成物は方解石（99%）で微量の石英を含む
結晶化の形態	多角形の結晶、粗粒の構造	全体的に不均一なサイズの多角形結晶、中程度の粒子構造	多角形とほぼ球形の結晶で細粒の構造
見掛け重量	2,750	2,699	2,696
吸水率	0.166	0.155	0.185

＊ Video Microscope VH-6200、キーエンス社製

参考：Koroneos, E.G, et al. *On the mechanical and physical properties of the ten hellenic marbles*, Engineering Geology, 16 pp.263～290, 1980

と、彫像は微妙な動作ときわめて均整のとれた姿形を見せはじめ、衣装のパターンはより豊かで優美なものに取って代る。そしてクラシック期において、彫像の構成と動きのある表現は新たな高みに達した。その極致がフェイディアスによるパルテノンの彫刻なのである。[20]

　ギリシア彫刻の表現の発展は、ナクソス産からパロス産へ、そしてペンテリコン産へ至る大理石材の選択段階と密接に関連しているに違いないが、大理石瓦もまた彫刻の場合と同じ過程を辿ったと思われるのである。パルテノンの精巧な屋根瓦にはその彫刻と同じように、素材とその加工性、耐久性、そして次節で取り上げる透光性についての改良が重ねられたことが明らかに認められる。

透光性に関する実験

　大理石瓦の透光性を実証するために、つぎの3種の試料、すなわちM1（white crystallia of Naxos）、M2（white of Dionysos-Penteli）、M3（from Paros）が選ばれた。[21] M1はエーゲ海の島ナクソスで産出する古代から知られた大理石である。M2はペンテリコン山に隣接するアッティカのディオニュソス地域で産出したもので、物理的、機械的特性がすぐれている。M3はパロス島の古代の採石場（Pan Cave）で採取された。現在この大理石の採掘は法律で禁止されている。これらの試料の特性は図58に示すとおりであるが、試料の寸法は各16cm四方、厚さは1・2・3・4cmの4種である。

　これらの試料の透過光による照度を計測するために、試料は外光を遮断した暗箱の簡単な装置の上に置かれた。そしてそれを夏の南45度の太陽の直接光にあてた。試料の上面は磨き面、下面は機械仕上げである。

　最も細粒のサンプルM3（パロス）の透過光は均─であるが、それに比べて粗粒のM1（ナクソス）とM2（ペンテリコン）はそうではないので、計測者2名が外部と内部で異なる36スポットの照度を同時に読み取り、その平均値の比（％）を各試料の透過率とした。[22] 図59はこのテストの結果である。それは3種の試料の厚さに対する透過率の変化を示している。M1の透過率は厚さ1cmで約14％、厚さが増すごとにカーブを描いて低下し、厚さ4cmで0.40％となる。M2は4cm厚で0.23％、M3は0.02％である。

　この結果は、これまでのパロス産大理石（M3）が最も透光性が高いとする定説を全く覆すものであった。従来の見解は単に外見上の判断によるものであって、この際それははっきり正されねばならない。この点は結晶光学から理解されることで、結晶の粒子が小さい集合塊ほど、入射光は結晶内部でより多く拡散し、吸収され、したがって透過光はより少なくなるのである。また透過光の色は、M1は白色に近く、M2は黄色、M3は暗褐色であるが、これも粒子が微細であるほど、波長の短い光線のエネルギーは減衰し、透過光は赤色ゾーンのスペクトルが相対的に強まるからである。この物理的現象は特に夕日の白色から赤色への変化に認められる微粒

第4章　パルテノンの採光

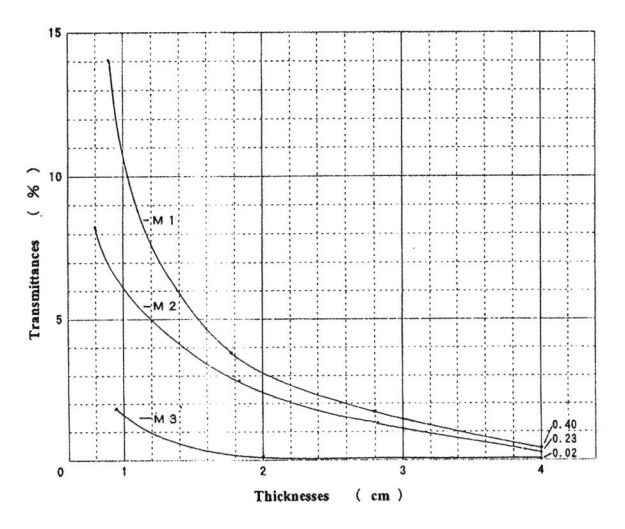

図59　大理石試料の厚さに対する透過率の変化

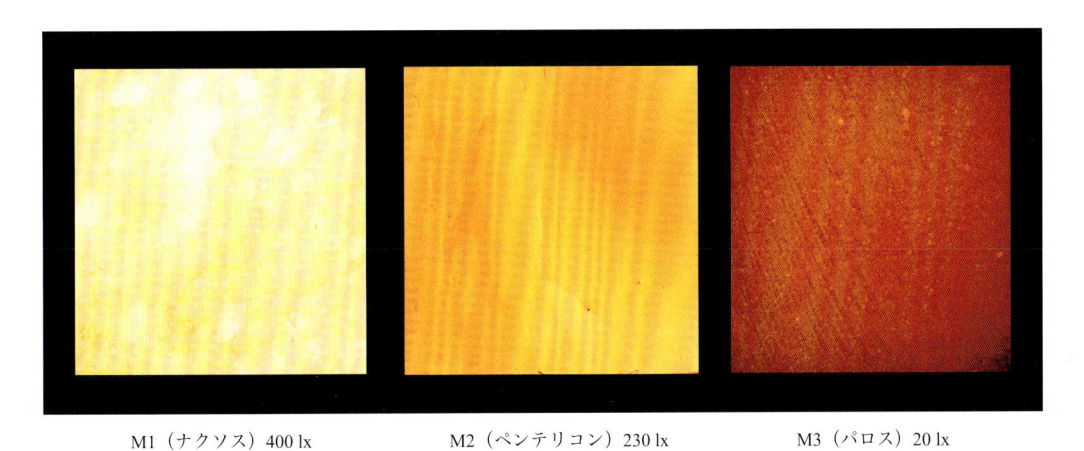

M1（ナクソス）400 lx　　M2（ペンテリコン）230 lx　　M3（パロス）20 lx

図60　4 cm厚の大理石の透過光の明るさ（外部光 100,000 lx の場合）

子の光の散乱と同様であろう。

　ともあれナクソス産（M1）の高い透光性は、そもそも大理石瓦の使用が採光を目的とするものであったことを証明している。ところが、ナクソス産は加工性の劣る素材であったので、のちにオリュンピアのゼウス神殿のように平瓦はほとんどペンテリコン産に葺き替えられたのである。パロス産は屋根のむしろ彫刻的な部分に多く使われたのではないかと思う。ところで、『オデュッセイア』には、テレマコスが父オデュッセウスの消息を知るためにメネラオスの屋敷

を訪ねるところがあって、そこに、

> 2人はゼウスの寵を受ける王の宮殿の中へ入って眼を見張った。その名も高きメネラオスの宏荘な宮殿の中は、さながら陽光か月光に照らされた如く輝いていた。　　　(4.42以下)

という叙述がある。実はこの「さながら陽光か月光に照らされた如く輝いていた」と全く同じ表現がアルキノオスの宮殿の様子 (7.84以下) にも見られるのである。「陽光か月光の如き輝き」とはナクソス産大理石の透過光ではなかろうか。すでにホメロスの時代に、壁面あるいは屋根面の一部に大理石のパネルを使ったそのような明るさの宮殿がすでに存在したのかもしれない。

神室の採光の再現

パルテノンの屋根瓦には灰青色の縞のある大理石も含まれていたと思われるので、別のペンテリコン産大理石試料 (51×16cm、厚さ4cm) を用意し、これによって平瓦の透過率を決めた。この試料の縞は大きく、その透過光はむらがあって、試料 M2 よりはるかに暗い。

透過率は最も明るいところで 0.09%、最も暗いところで 0.003%、平均 0.033% である。外部照度 100,000 lx のとき、内部照度 33 lx に相当する輝度は 10 カンデラとなり、透過光の色は CIE の x・y 表色系色度図において、x = 0.57、y = 0.4 の値を示す橙色光である。[23]

ともかく、この実験は一見光を通すように見えない暗い縞のある大理石でさえ、一定の透光性があることを確認した。試料の下面すなわち光源から 25cm の距離でさえ、約 4 lx の照度があって、肉眼は暗箱の中の対象をはっきり認めることができるのである。

それでは上記の観点から、もしパルテノンの神室には天井がなかったとしたならば、室内はどの程度の明るさがあったのかを証明する必要があろう。やや専門的であるが、まず神室を等輝度均等拡散面を光源とする立方体の部屋と仮定すると、その光源面 (x, y) から距離 z の床面 P 点の照度 E_p は次式で表わされる。室内の反射光は無視されている。

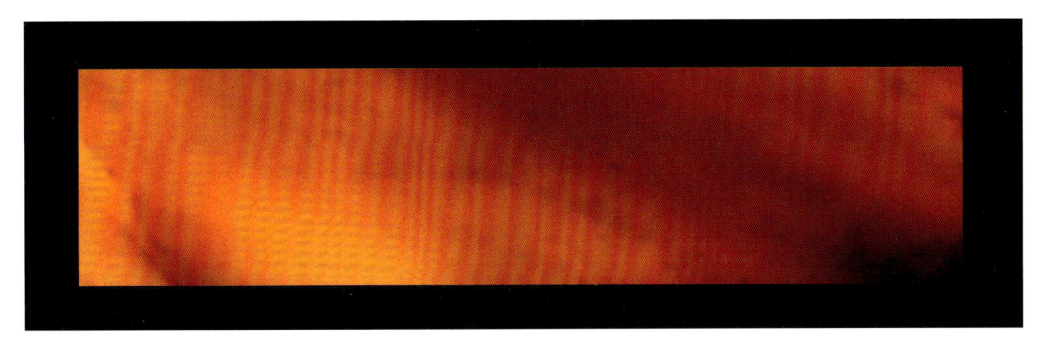

図61　暗い縞模様のあるペンテリコン産大理石の透過光の明るさ（外部光 100,000 lx のとき透過光は平均 33 lx）

$$Ep = \pi \cdot C \cdot L \qquad \cdots\cdots\cdots\cdots (1)$$

$$C = \frac{1}{4\pi}\left(\frac{x}{\sqrt{z^2+x^2}}\tan^{-1}\frac{y}{\sqrt{z^2+x^2}} + \frac{y}{\sqrt{z^2+y^2}}\tan^{-1}\frac{x}{\sqrt{z^2+x^2}}\right)\times 100 \,(\%) \qquad \cdots\cdots\cdots\cdots (2)$$

この数式で、L は光源の輝度、C は光源の形状・大きさと受照点との位置関係（x, y, z）のみで決まる幾何学的数値であって、「立体角投射率」と呼ばれ、百分率（%）で表わされる。[24]等式（1）と（2）は光源からのある定点の照度は光源の輝度と立体角 x, y, z 比のみに依ることを示している。しかし実際の建物は単なる立方体ではなくて、はるかに複雑な形をしているので、この等式によって照度を計算することはきわめて煩雑な作業である。それよりも、この原理にしたがって製作された縮尺模型で実験するほうが有効なのである。

そこでこの原理をパルテノンの模型に応用してみると、その神室の縮尺模型の形状が実際の神室のそれと全く同じに縮小されているならば、模型のいかなる点の照度も実際の神室のそれらに等しいということになる。その場合、当然光源の分布と量も正確でなければならない。[25]

パルテノンの屋根の棟木、角瓦（または垂木）そして上下の平瓦の重ねの部分は光を通さないので、この部分を屋根の表面積から差し引くと、採光に有効な面積は屋根の全面積の 46% となる。

そこで筆者はオルランドスの復元図（図51、52）に基づいてパルテノンの神室の縮尺模型（1/40）を製作した。その模型では、ドリス式の列柱外側の側廊の上には格天井があったが、中央の身廊には天井はなくて、屋根組がそのまま見えていると想定している。そして側廊の天井と屋根とのすき間は、前述のオリュンポスのゼウス神殿と同様に、屋根裏部屋のようになっていたと思われる。

模型の使用材料は石膏と木材と合成樹脂。屋根の採光面は表は白、裏は上記試料の透過光色に近い黄褐色のアクリル板である。

模型の神室内の照度分布と変動を再現するために、外光を調節して屋根面直下の照度を 33 lx（輝度およそ 10 cd/m²に相当）に設定し、それから模型床面中央にリモートコントロールの照度計をセットした。その結果照度 8.25 lx を得た。模型の写真は神室内の照度分布の様子を示している（図62）。

さて、ここでスイスのルツェルン州メッゲンにある現代建築を提示してみたい。それは1966年に建築家、F. フュエークによって設計された聖ピウス教会で、広さ 37.30 × 25.60m、高さはパルテノンの神室の大梁下の高さとほぼ同じ 13.50m のコンパクトで一見質素な建物である。教会堂は祭壇のある場所、身廊、オルガンを設けたバルコニー、そして長方形の広間から成っていて、それらを囲む壁面はすべて試料 M2（ペンテリコン産）と同じ大理石パネル（厚さ 2.8cm）から成っているのである（図63）。壁面からの透過光は写真に見るごとくであるが、注目すべき点は、祭壇側の壁面には両側のそれよりかなり透光性の高い大理石を使っていて、室内の照度分布はほどんど祭壇側の光源に依存していることである。したがって照度の測定結果では、外部照度 100,000 lx のとき、座席最前列、光源から約 12m の位置で 30 lx、身廊の中央で 20 lx、バルコニーの前で 10 lx、その後ろの広間で 6 lx である。

そこでこの光源を屋根全体に設けたとすると（高さ 12m）、この屋根面積は壁の光源面積の 2.8倍、また理論的に屋根面からの採光は壁面からのそれの 3 倍の効果があるので、室内照度は単純計算で 2.8 × 3 × 30 lx ＝ 252 lx となる。しかし大理石パネルの厚さ 2.8cm をパルテノンの屋根瓦の 4cm 厚にすると、透過率は約 1/5 に低減するので（図59）、252 lx / 5 ≒ 50 lx となろう。

パルテノンにおいてもこの教会と同様に、身廊の直上の屋根瓦には特に透光性の高い大理石

第 4 章　パルテノンの採光

図 62　復元模型、神室内の採光の再現（ISO 400・f 5.6・1/2 sec）

図63　ペンテリコン産大理石パネル（2.8cm厚）の透過光、聖ピウス教会、メッゲン、著者撮影

を使った可能性もあるから、それを試料 M2（透光率 0.23%）とすれば、0.23 / 0.033 = 6.96（図 60, 61）（0.033% は模型による照度の再現に用いた縞のある試料の透過率）、模型実験の神室の照度 8.25 lx の 6.96 倍で 57.5 lx となる。

したがって、パルテノンの屋根面が太陽光を受けた場合、その屋根瓦の下面は理論的には均等な明るさ、すなわち「光天井」であった。そして、晴天時の照度 100,000 lx、うす曇りの 50,000 lx、曇天の 25,000 lx では、神室の中央点で、それぞれ約 57 lx、28 lx、14 lx の照度であったであろう。

なお、神室の東壁に M. コレースが復元している 2 つの窓の採光の効果は、やはり模型実験によれば、外部の照度 100,000 lx のとき同じ地点で 34 lx となる。その窓が実際にあったとすれば、上記晴天時の 57 lx にこの数値が加算される。また 5 × 10m の戸口からの採光の効果は 340 lx とはるかに高いが、その冷い白色光と大理石を透過した暖か味のある黄金色(こがね)の光との相違を

第4章 パルテノンの採光

想像してみたい。パルテノンの建築家はその外部の柱やアーキトレーブをオクラすなわち淡い黄土色で塗色したように、その室内を光の色で染め上げた、ということもできよう。

アポロドーロスの『ギリシア神話』に、アクリシオスは娘ダナエーに、いずれ彼を殺すであろうと神託が告げる息子の生まれることを恐れて、地上に青銅の部屋を造り、そこで彼女を見張った。しかしゼウスは黄金に身を変じて、屋根から流れ入ってダナエーと交わった、とある (2. 4. 1)。「黄金の流れ」とは暗喩であって、黄金の光のことであろう。大理石の屋根瓦からの透過光の視覚体験がこのような伝承を生んだのかもしれない。

上記の結果から、晴天時に神室の照度が 57 lx あったとすれば、垂木の上に直接置かれた大理石瓦は明らかに採光が目的であったことになる。したがって、列柱に囲まれた身廊には天井はなかったのである。そして、柱間を青銅の格子で囲んだプロナオスは、明るさのギャップがないように、そこから神室への光の緩やかな移行を用意するに必要なスペースであったのであろう。さらに神室においては、機械の眼と人間の眼とは違う。人間の眼は暗さになれてくれば瞳孔が自然に開いてきて、照度計が測定した数値よりももっと明るく見えるのである。

それにしても、パウサニアスはゼウス神殿のペンテリコン産やナクソス産の大理石について特に言及していながら、なぜ大理石の透光性と室内の照明については何も記していないのであろうか。それはこういうことであろう。『ギリシア案内記』が著されたのは 2 世紀の後半であるから、屋根瓦がペンテリコン産大理石に替えられた時期がアウグストスの支配のあいだ（前 31 年）とすれば、すでに約 200 年の時が経っている。その間屋根面にはわずかながらも土埃が覆うであろうし、時たまでも夜間照明のためにランプを使用すれば、その煤が瓦の下面に付着するであろう。こうしてしだいに瓦の透光性が失われていき、ついには採光のために大理石瓦が使われたこと自体が忘れ去られてしまったのである。

ともあれ、薄明りの空間こそ、フェイディアスとパルテノンの建築家が求めたものであったのではないか。光源がさだかでない緩やかな光の輝きはあたかも黄金のペプロスから放せられているかのように感じられたかもしれない。

ペンテリコン産大理石の壁パネル、聖ピウス教会、メッゲン

われらの父祖を頌えよう。この国とアテナの聖衣(ペプロス)とを恥かしめず、天晴れの武夫(ますらお)ぶりを示したかれら、陸といわず海といわず、ゆくところつねに敵に勝って祖国の誉れを輝かしたかれらを。　　アリストパネス『騎士』565

復元模型、アテナの祭神像とペプロスの奉献、パルテノンの処女の間

第5章　アテナ信仰とパルテノン

第5章　アテナ信仰とパルテノン

　パルテノンの本尊はアテナ・パルテノス（処女神アテナ）の黄金象牙像(クリュセレファンティン)である。台座を含めて12.5mもあるその巨像の外観は、パウサニアスの記述（1. 24）や「ヴァルヴァケイオンのアテナ像」など若干の模像(コピー)によってかなりよく復元できる（図64）。すなわち女神アテナは長い着衣をまとい、頭にはスフィンクスとペガソスの飾りのついた兜をかぶり、胸には中央にゴルゴンの首のついたアイギス（胸甲）をあて、左肩に槍をもたせかけて台座（高さ1.2m）の上に立つ。左手で楯のへりを支え、その足元には女神に寄り添うようにして蛇が鎌首をもたげている。右手は前方に差しだして勝利の女神ニケをのせる。楯の外側にはゴルゴンの首を中心にして「アテナイ人とアマゾンの戦い」、内側には「神々と巨人の戦い」が彫られ、また女神の履く靴の縁には「ラピタイ人とケンタウロスの戦い」、台座には「パンドラの誕生」が表わされていたという。

図64　ヴァルヴァケイオンのアテナ像、フェイディアスの黄金象牙像の模作、2世紀:国立考古学博物館、アテネ

第 5 章　アテナ信仰とパルテノン

アテナの木彫祭神像

　パウサニアスは黄金象牙像のアテナ女神に従う蛇はエリクトニオスであろうと言っているが、エリクトニオスとはアテナイの伝説的な王である初代ケクロプス、クラナオス、アンフィクテュオンに続く4代目の王のことである。ケクロプスは、下半身が蛇形をしていたといわれ、またこの4代の王はいずれも大地から生れたことになっている。

　特に詳細に物語られているのはエリクトニオスの誕生の次第で、アポロドーロスによればこうである。ヘパイストスが処女神アテナに欲情を感じて、これを追いかけて射精してしまった。それが大地に落ちてエリクトニオスが生れた。女神は彼を箱に入れて、ケクロプスの娘パンドロソスに託した。しかし、箱を開くことを禁じられていたにもかかわらず、パンドロソスの姉妹アグラウロス、ヘルセーは好奇心に駆られて箱を開き、赤児をとり巻いている大蛇を見た。そして彼女たちはその大蛇によって滅ぼされたとも、また女神の罰で気がふれ、アクロポリスの崖から投身したともいう。その後、エリクトニオスはアテナ女神自身によって育てあげられて、アテナイ王となり、アテナの木彫祭神像（クソアノン）を立て、パンアテナイア祭を創祀し、水のニンフなるプラクシテアを娶（めと）り、パンディオンをもうけた（3. 14. 6）。

　エリクトニオスの語源は「大地から生まれた（子）」を意味し、3人の娘アグラウロス、ヘルセー、パンドロソスは、それぞれ「（露の）輝き」「露」「すべての潤い」という精霊（ニンフ）なのである。そして伝説的な4代の王が生まれた大地とは、ホメロスのいう「穀物を恵む大地」であるから、そのアテナイ王の世代交替は穀物の死と再生を暗示しているようにも見える。つまり本当のところは、水分の象徴といえる彼女たちがエリクトニオスを養い育てたのであろう。

　パルテノンの西側ペディメントにはアテナとポセイドンのアッティカの支配権争いの群像が配されているが、この争いはケクロプスの時代のことである。まずポセイドンがアッティカに来て三叉の矛でアクロポリスの中央を撃ち、エレクテーイスと呼ばれている泉（海水）を湧出させた。その後女神アテナが来てケクロプスを証人とし、やはりアクロポリスにオリーブの樹を生えさせた。その結果ケクロプスの証言によってアテナの勝ちと判定され、以後このポリスは

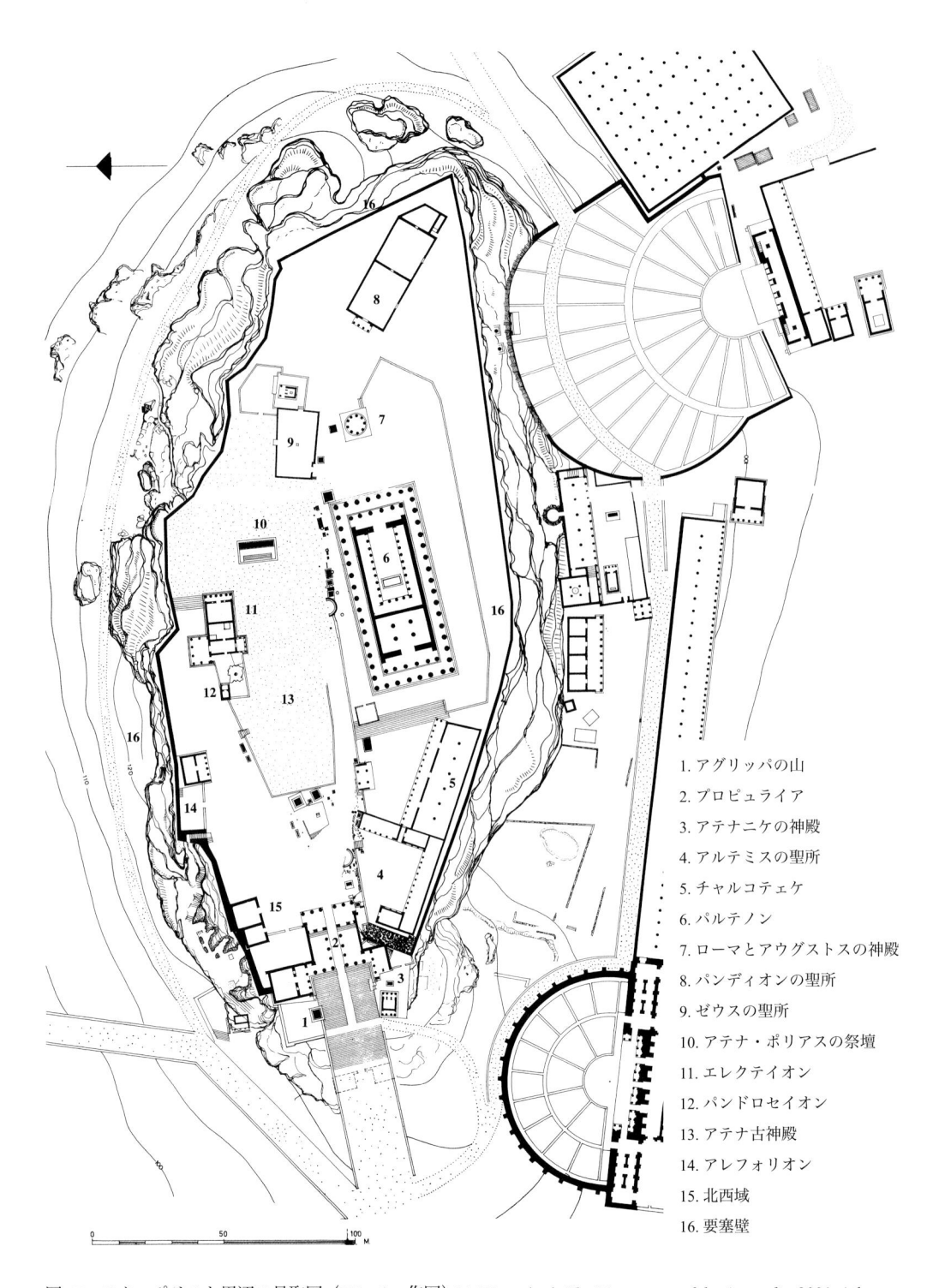

図65 アクロポリスと周辺の見取図（J.Travlos 作図）：M.Brouskari, *The Monuments of the Acropolis*, 2001, Athens

1. アグリッパの山
2. プロピュライア
3. アテナニケの神殿
4. アルテミスの聖所
5. チャルコテェケ
6. パルテノン
7. ローマとアウグストスの神殿
8. パンディオンの聖所
9. ゼウスの聖所
10. アテナ・ポリアスの祭壇
11. エレクテイオン
12. パンドロセイオン
13. アテナ古神殿
14. アレフォリオン
15. 北西域
16. 要塞壁

第 5 章　アテナ信仰とパルテノン

アテナイと呼ばれることになったという。

　ヘロドトスが記す「アクロポリスの守護者」(8. 41) として神域に棲んでいた大蛇は、明らかに女神アテナに随伴する土地の守護精霊である(1)。したがって、この神話はオリーブの木を生じさせた女神アテナが下半身蛇形のケクロプスを証人とすることによって、アッティカの領有権を獲得してその守護神となるとともに、豊穣の女神となる必然性を説いているようである。この農業神としての神格を併有するアテナ・ポリアス（ポリスの守護神アテナ）の祭神像が神話上エリクトニオスが立てたクソアノンなのである。

　それはアクロポリスのアテナ古神殿とその後継のエレクテイオンにおいて祀られていたが、この古き本尊は聖なるオリーブの材で作られたともいわれ、またパウサニアスはこの像が天から降ってきたとする伝承を記している (1. 26. 6)。そして、パンアテナイア祭の儀式の核心はアテナ・ポリアスに新しい聖衣（ペプロス）を奉献することだという。それは植物生命が年毎に再生するように、女神アテナの着衣を新調することによって、その神威も更新され、強化されるものと観念されたのであろう。このようなアテナ・ポリアスの農業神としての神格も考慮すると、元来その祭神像はアテナ・パルテノスのような完全武装した姿ではなかったのである。

　ところで、地名アテネのギリシア語アテナイはアテナの複数形であって、それは、女神アテナがアクロポリスの神殿の中だけでなく、ポリスのいたるところ、市民の家々でもその祭神像が祀られていたことを示唆している。実はアテネのディピュロンの墓地出土の 1 体の象牙像はそういう祭神像の 1 つではないかと思われる（図 66）。後期幾何学様式時代、前 720 年ごろと推定される小像（高さ 24cm）はポロスと呼ばれる女神のた

図 66　女神の象牙像、前 720 年ごろ、国立考古学博物館、アテネ：Kaltsas, N. *Sculpture, In the National Archaeological Museum, Athens*, Kapon Editions.

めのかぶりものを頭上に載せているが、それにははっきりとメアンダー文が刻まれている。メアンダーはゼウスの武器の一つ稲妻であるから、ゼウスの頭から生まれたアテナにふさわしい装いであろう。またその大きく見開いた眼もアテナのホメロス風添え名「眼光輝く」(glaykopis)を思い起こさせる。さらにこの象牙像はヌードであるが、それには当然着衣があったはずである。そしてその衣装はパンアテナイア祭においてアテナ・ポリアスに奉献されるペプロスと同じように定期的に新調されたかもしれない。

伝承はアテナの木彫祭神像(クソアノン)の具体的なすがた形について何も伝えていないのであるが、それはこの小像からおよそ想像されよう。

アテナ・ポトニア

アテナイのアクロポリスは海抜154m、東西約270m、南北約150mのほぼ楕円形をなす石灰岩台地である。南北と東の三方は険しい絶壁、西側だけが比較的ゆるやかな傾斜をなしている。北壁に点在する洞窟には後期・新石器時代の人類の生活の痕跡が認められるが、前1600年頃のミュケナイ時代初期からアクロポリスに建築的活動が始まった。ミュケナイ時代中期の前14世紀にはアッティカを支配する王族がここに宮殿を構えたと考えられている。前13世紀にはアクロポリスの台地全体がミュケナイやティリンスのような城壁で囲まれ要塞化された。この王国がどのようなものであったかはっきりしないが、ミュケナイ文明はここにも及んでおり、この時代のギリシア語を表した線文字B文書を多数出しているピュロス王国の社会構造とよく似た特徴をもっていたものと推測されている。つまりその王国は宮廷内の王と周辺貴族を核として、その支配下に地方豪族階級が存在して、地方から王宮への農産物などの貢納が経済的に重要な意味をもつ農本的な官僚制社会であったらしい。

ところで、線文字B文書にはすでにゼウス、ヘラ、ポセイドン、ヘルメス、アテナ、アルテミスなどオリュンポスの神々の名が見え、特にアテナについては、アテナ・ポトニア(大女神アテナ)の神名が見出される[2]。ホメロスの『オデュッセイア』には、女神アテナの居所について次のように語っている。

第5章 アテナ信仰とパルテノン

　こう言い残すと眼光輝くアテナは、美わしいスケリエを後にして、稔りなき海上を去り、マラトン、ついで大路の走るアテナイに着くと、エレクテウスの堅固な屋敷へ入った。

(7.78)

　この叙述は、大女神アテナがエレクテウスの宮殿内に守護神として王とともに住むというミュケナイ時代の古い観念を伝えているといえよう。アポロドーロスが説くエレクテウスをめぐる王家の系譜は混乱しているが、彼はアテナが自ら育てたエリクトニオスと同一の人物と見なされている。エリクトニオス（エレクテウス）が立てたアテナの木彫祭神像（クソアノン）は王宮の中の奥殿に祀られていたのであろう。ミュケナイ時代にはまだ神殿というものはなかったのである。

アテナ・ポリアス

　前1200年前後、東地中海世界全体にわたって民族移動が起った。ギリシアでも、ミュケナイ、ティリュンス、ピュロスなどミュケナイ文明の中心地は、外敵の侵入と何らかの内部的要因により破壊され、ミュケナイ文明は以後100年のあいだに滅亡した。この激動期にアテナイのアクロポリスも攻撃されたが、要塞によって侵入を阻止することができた。しかし王国の衰退は免れず、ミュケナイ時代の貢納義務を負う豪族はなかば独立した村落共同体を形成した。このギリシア本土の変動に乗じて南下してきたドリス人に追われた難民の中には、アッティカに移住する者も多く、前9世紀にはアッティカの人口は急激に増加し、従来から存在した貴族と平民の対立も深刻となった。そして同世紀末ごろ、このような村落共同体内部の矛盾の中から、伝説の英雄テセウスがアッティカ地方の村々を統合してつくったといわれるポリス国家アテナイが成立した。

　またアッティカの人口増加に伴い、前1000年ごろから小アジアのイオニア地方へ移住する者もあった。さらに前8世紀半ばには、ギリシア本土から南イタリア、シチリア海岸ならびに地中海、黒海沿岸への植民活動が盛んに行われ、独立のポリスが多数存在するギリシア世界が現出した。ギリシア文字で書かれたホメロスの叙事詩に描かれている社会状況あるいは物質的世界は、主としてこの時期のギリシアのそれである。その『イリアス』の中のギリシア連合軍の「軍船表」と呼ばれる箇所に次のような叙述がある。

> 守りも固き城の町、かつて豪勇エレクテウスが王たりし国アテナイに住まうものども、このエレクテウスは五穀を実らす大地の子、ゼウスの姫アテナが育てあげ、このアテナイの豊かに富む自らの社に住まわせた——巡り来る年ごとにアテナイの若者どもがこの社に集い、牛、仔羊を捧げて、古王に加護を祈願する。 (2. 546 以下)

　ここでは、アテナ自らの神殿(ナオス)の中にエレクテウスを同居させたことになっていて、前出の『オデュッセイア』の場合とは逆である。つまり前8世紀には、アテナイのポリス成立に伴い、その共同体の守護神アテナのための神殿が建立されたことを物語っている。アテナは王宮の守護神からポリスの守護神へと成長した。アテナ・ポリアスの誕生である。

　伝承によれば、テセウスはアッティカに住んでいた人々を共通の利益のために一つの町に集住(シノイキスモス)させ、一つのポリスの一つの民衆(デーモス)とし、専制を廃し民衆を貴族、農民、職人に分け、この区分に立脚した民主政を確立した。そして、そのポリスをアテナイと名づけ、そこに共通の一つの公会堂(プリュタネイオン)と議事堂(ブーレウテーリオン)を創設し、共通のパンアテナイア祭を創始したという。このパンアテナイア祭こそ新たなアテナイ共通の神殿に祀られたアテナ・ポリアスへ聖衣(ペプロス)を奉献する祭儀であったのであろう。その神話や伝説のなかの神殿がどのようなものであったのかは全く分らない。アテナイのアクロポリスにおいて、前7世紀以前の建築の姿を知る考古学的手がかりは残されていないのである。ところが前6世紀の建物については、アテナ古神殿と推定される建物の基礎が発見され、またその他の建築部材や彫刻の断片もかなり発掘されている。この前6世紀のアクロポリスの状況に至る経緯を政治・社会史の中に探ってみよう。[3]

　アテナイのポリス形成をテセウス王に帰したのがいわゆるシノイキスモス伝説であった。確かに前8世紀中葉にはアッティカ各地の評議会を中心とする貴族層がアテナイの統一評議会に結集することによって、地方小共同体の平等を原則とする統合を実現し、ここにアテナイを中心とする貴族政のポリス国家が成立した。そのアテナイ貴族政の中心勢力は執政官職(アルコン)を経験した者からなる終身議員によるアレオパゴス会議であった。アルコンは当初3人、任期10年、前7世紀には任期1年で9人となったが、この役人は名門や富裕者のあいだから選ばれたので、結果として国政は世襲的な特権貴族階級に掌握され、ポリス内の大多数の市民には政治的権利はなかった。

　しかし、前8世紀半ばから約200年間に行われたギリシア人の植民市建設活動によって、ギ

リシア世界は地中海・黒海沿岸に拡大し、その間の通商も盛んになり、商工業が繁栄するようになると、市民の中に新しい勢力が生まれた。これが貴族政の動揺を招き、その結果アテナイにも大きな国制の変化が起った。

このような状況の中で起きた事件がキュロンによる僭主政樹立の陰謀である。前632年ころ、メガラの僭主テアゲネスの女婿であったキュロンは、神託に励まされて義父より援軍を受け、徒党を組んでオリュンピア祭の最中にアクロポリスを占拠した。しかし各地より大挙して駆けつけたアテナイ市民に包囲され、この企ては失敗に帰し、キュロンは逃亡した。アクロポリスに残された彼の仲間の処分については9人のアルコンに委ねられた。この事件の顛末についてヘロドトスは次のように簡潔に記している。

> ところで、アテナイで「穢れ人」と呼ばれた人たちの、その名称の由来はこうである。
> ここにアテナイ人でオリュンピア競技に優勝したキュロンという男があった。思い上りの末に独裁を夢見て、同年輩の者たちと語らい、アクロポリスの占拠を企てたが、占領に失敗し（アテナの）祭神像(アガルマ)にすがって命乞いをしようとした。当時アテナイの行政に当っていた、地方行政区(ナウクラリア)の長官たちは、これらの反乱者たちに生命だけは救けるという保証を与えて、避難所から退去させたのであったが、結局この者たちは処刑されて、アルクメオン家の一族がその責任を問われることになったのである。これはペイシストラトスの時代以前に起った事件である。　　　　　　　　　　　　　　　　　　　　（ヘロドトス, 5, 71）

古代ギリシアでは、祭壇にすがって嘆願する者を殺すことはもちろん、捕えることも、神から禁じられていた。つまり神に助命をすがった者を神の名に免じて助けるしきたりになっていたにもかかわらず、その禁を犯したアルコン筆頭の一族であるアルクメオン家が子孫にいたるまで、神の呪いをうけた者、神聖を蔑(ないがし)ろにした者、という非難をうけることになったのである。トゥキュディデスもこの事件について書いていて、アテナイ人は、神室(イエロス)が死者で汚れないように、祭壇にすがっている者を外へ連れ出してから処刑した、とある。

これらの記述は伝承というよりは、過去の記憶に基づく情報というべきであるから、前7世紀の半ばには、アクロポリスにはアテナの神殿があって、その神室の祭壇に礼拝の対象となるようなアテナの祭神像(アガルマ)が安置されていたと考えられる。神室(イエロス)とはアテナの神殿(ナオス)の中の部屋(ドモス)を意味する。ともあれ、このキュロンによる外国メガラの援軍を受けてのアクロポリスの占拠と敗

退という事件は、アテナイ市民の共同体意識を高めるとともに、アテナ・ポリアスへの信仰をあらためて自覚させるものであったであろう。

ホメロスの『イリアス』第6歌には、トロイの王妃が女神アテナに戦勝祈願をする場面が描かれている。女神への奉納品は見事な刺繍をほどこした丈も幅も大振の衣裳(ペプロス)である。王妃とお伴の老女たちは城山の上にあるアテナの神殿に着くと、アテナの女祭司と共にみな高い祈りの声(オロリュゲー)を発し、女神へ手を差し上げる。女祭司は衣裳を髪美しい女神の膝に置き、次のように祈願する。

　　町の護り神、女神方の中でも一際美わしいアテナイエ（アテナ）よ、どうかディオメデスめの槍をへし折り、当人もまたスカイアの門前に俯(うつぶ)して果てるようお計らい下さいませ。さすれば、女神がこの町、トロイエ（トロイア）人の妻たち、また幼い子らを憐れみ給うこともあろうかと、その望みを頼りに今すぐにも、まだ鞭も棒も加えぬ牛12頭を社前にお供え申します。
　　　　　　　　　　　　　　　　　　　　　　　　　　　　　　　　　　　（6. 306 以下）

しかし、アテナはこの祈願を聴き入れなかった。言うまでもなく、アテナはギリシア軍に加勢する神であるからであるが、それはそれとして、この箇所は女神アテナの祭神像のまた異なる形姿を伝えていよう。

まず冒頭の「町の護り神(アテナ・リュスイプトリ)」はアテナ・ポリアスとほぼ同義であるが、奉納の衣裳がアテナの膝の上に置かれたというのであるから、その祭神像は座像のようである。アポロドーロスは、「ロクリスのアイアスはアテナのクソアノンに抱きついているカサンドラを見てこれを犯した。この木像が天を向いているのはこのためである」というトロイ陥落時の話を伝えているし（摘要5. 22）、パウサニアスもこの場面が、オリュンピアのキュプセロスの箱に刻まれていること(5. 19. 5)、またデルポイにあるポリュグノトスの「トロイ略奪」の壁画に描かれていることを記している。これらの作品のクソアノンは『イリアス』のなかのアテナと同じ座像なのであろうか。しかしリュクルゴスの画家による渦巻クラテル（前360〜350年ごろ）にも同じ場面が描かれているが、このアテナは立像で、しかも後述するパラス・アテナの完全武装の姿である。時代によってアテナの性格が変化するとともに、その絵姿も変貌したのであろう。

第5章　アテナ信仰とパルテノン

パラス・アテナ

　王城あるいはポリスの守護神としてのアテナに対して、『イリアス』の中のパラス・アテナは自ら戦陣に赴いてギリシア軍を応援する戦いの神として登場し、尚武的な姿で描かれる。例えば第5歌、女神の庇護の下にディオメデスが無類の豪勇ぶりを発揮するところの冒頭はこんなふうである。

　　　この時パラス・アテナは、テュデウスの子ディオメデスに、アカイア全軍中特に目覚しい働きを示してその名を挙げさせようと、力と勇気を授けた。その兜と楯とから炎々たる火焔を燃え上がらせたが、そのさまは、大洋に浴みして晩夏の夜空に煌々と輝きわたる星のよう、その星にも似た火焔を頭から肩から燃え上がらせ、大軍の相撃つ戦場の真直中に彼を押しやった。　　　　　　　　　　　　　　　　　　　　　　　　　　　　（5. 1. 8）

　アテナのパラスという称号の意味については、アポロドーロスの次の伝承が興味深い。すなわち、アテナが生まれた時に、トリトンの所で育てられたが、彼に一女パラスがあった。両人ともに戦闘の技を励んでいたが、ある時パラスがアテナにまさに一撃を与えんとした時、ゼウスが恐れてアイギスを差し出したところ、彼女は驚いて上を見たために、アテナに傷つけられて倒れた。アテナは彼女の死をいたみ、彼女に似せた木像（クソアノン）を作り、ゼウスのそばにこれを立てて崇めた。のちに、アトラスの娘エレクトラとゼウスから生れたダルダノスの孫イーロスがフリュギアにイーリオンと呼ぶポリスを建てた時、ゼウスにその徴を求めて祈ったところ、空より天降ったパラスの木像パラディオンがテントの前にあるのを見た。その高さ3キュービット（約130～150cm）で、その両足は一緒にくっついていて、高く掲げた右手に槍を、左手には糸巻竿と紡錘とをもっていたという（『ギリシア神話』3. 7. 1-3）。

　アクロポリス出土のブロンズ製のパラディオンは直立不動の姿で、ヘロドトスのいう山羊皮（アイゲース）の頭巾をかぶる。右手に槍を掲げ、左手は楯を持っていたように見える。衣裳の前部、胸から裾までメアンダー文が施されているのも注目される。ゼウスの稲妻の威力を全身で表しているのであろう。アポロドーロスの伝えるパラディオンの特徴をよく具えているといえよう（図67）。

アポロドーロスによれば、トロイの王城イリオスが陥落するための3つの条件の1つに、空から降ってきたパラディオンを盗み出すことがあった。そこでオデュッセウスはヘレネの手引きによってこれを盗んだという。このあとオデュッセウスはあの木馬の建造を思いつき、その計略によってイリオスは落城するわけである（摘要5. 10-15）。

以上のようなパラスの伝説とパラディオンの偶像崇拝のなかから『イリアス』のパラス・アテナが生れたのか、あるいはその逆なのかはよく分らない。しかし、ともかく両者は武闘する女神なのである。ギリシア軍とトロイア軍の攻防戦が10年にも及んだという伝承からもうかがわれるように、黒海や地中海への植民地建設では原住民のはげしい抵抗を受けたであろう。またポリス内部の矛盾を抱えながら、ポリス自体が領土拡張の必要性にせまられ、隣接するポリスとの抗争も繰り返されたであろう。こうした状況のなかで、女神は守護する神アテナ・ポリアスから進んで戦（いくさ）に参加するパラス・アテナに変貌したと考えられる。前700年ごろの詩人ヘシオドスはこの戦う女神アテナをこう讃美している。

図67 パラディオンのブロンズ像、アテネのアクロポリス出土、ドイツ考古学協会（D-DAI-ATH-NM 5119）
Photograph by Eva-Maria Czakó

　　そしてゼウスみずから、自分の頭から輝く眼をもつトリトゲネイア（アテナ）を生まれた、
　　この方は恐ろしい方で、鬨（とき）の声を惹き起し、軍勢を導き、疲れを知らず、また女王である。
　　彼女は喧騒と戦い、合戦を楽しみたもうのだ。　　　　　　　　　　　　　（『神統記』923以下）

アテナイのその後の政治的状勢を見てみると、キュロンの事件以後も貴族と平民の対立は続く中で、前621年、ドラコンが初めて慣習法を成文化し、刑法に関する法整備を行った。これは法解釈を左右してきた貴族の横暴を防ぐという意味で、平民の権利伸長を意味するものであったが、この改革もポリスの矛盾を解消することはできなかった。

第 5 章　アテナ信仰とパルテノン

　前 7 世紀末から前 6 世紀初頭にかけてのアテナイの最大の問題は、中小土地所有農民のなかに、借財の返済不能によって富裕者に隷属する者が多数現れ、貧民と富者の間の不均衡が極限に達し、ポリスは全く危険な状態に陥っていたことであった。隣国メガラとのサラミス島をめぐる戦争という緊迫した状況のもとで、アテナイはこの事態を放置しておくことはできなかった。

　前 594 年、賢者ソロンが筆頭アルコンに選ばれ、改革の全権を与えられると、彼は「平等は戦いにならない」という主義で、負債の帳消し「重荷おろし」を「力と正義を一緒に合わせて」実行し、かつ身体を抵当とする借財を将来にわたって禁じ、小土地所有農民の経済的復活を図った。またソロンは、土地からの収益に基づいて、アテナイ市民を 500 石級、騎士級、農民級、労働者級の 4 等級に分かち、等級ごとに市民の権利・義務を定めたが、民会と裁判の一部に労働者級をもあずからせることによって国制民主化の基礎を築いた。ソロンはこう歌いはじめる。

　　吾らのポリスは、ゼウスの運命(アイサ)や不死にして
　　浄福なる神々の御心によっては、決して滅びはしない。
　　強力な父（ゼウス）の娘、大いなる御心の守護者、
　　パラス・アテナが手で上から覆い給うゆえ。
　　しかるに市民たち自らが、財貨に説き伏せられ、
　　愚行により大いなるポリスを滅ぼそうと欲している。
　　また民衆(デーモス)の指導者たちの心も不正で、
　　彼らは大いなる傲慢によって敢えて多くの苦痛を被ろうとしている。
　　　　　　　　　　　　　　　　　　　　（ソロン，断片 3，藤縄謙三訳）

　この政治詩は人々の愚行・不正によって生ずるポリス社会の混乱を訴えているのであるが、女神アテナへのゆるぎない信仰、その庇護に対する全幅の信頼が強ければ強いほど、人間の責任も強く意識される。すなわち、人間社会の矛盾は人間自らによって克服され、道義が重んぜられ、断固として正義が実行されねばならない。神々を信じながらも、このような自覚があったからこそ、人間的な次元で政治制度などを合理的に整備することができたのであろう。[4]

　ソロンによる政治・社会制度の改革に並行して、ソロンの友人であるエピメニデスはアテナ

イの祭祀上の整備を行った。彼は神々の寵愛を受け、神事に関し霊感と密儀の知恵に優れた人であったが、彼の最も大事な仕事は、贖罪と浄祓と神像の建立によってポリス全体を祓い清めたことで、こうすることによって、アテナイ人は正義を尊び、前よりも協和に向かいやすくしたことであるという。この新たに奉納された神像こそ、ホメロスの歌うような姿のパラス・アテナであったのではないか。『イリアス』のつぎの場面は、アテナとヘラが劣勢のアルゴス勢に加勢すべく、オリュンポスから天降るところである。

　一方、アイギス持つゼウスの姫、アテナイエ（アテナ）は、自ら織って仕立てた、あでやかな女の衣裳を、父の館の床に脱ぎ捨て、雲を集めるゼウスの用いる肌着を身につけると、悲涙を呼ぶ戦いに臨もうと、物の具に身を固める。肩には総を垂らしたアイギスを掛けたが、その恐るべき武具の縁は、ぐるりと「潰走（ポボス）」が取り巻き、その表には「争い（エリス）」あり、「勇武（アルケ）」あり、身の毛もよだつ「追撃（イオケ）」あり、さらにはアイギス持つゼウスのしるし、怖るべき女怪ゴルゴンの身の毛もよだつ首もあった。また頭には、角2つ、星は4つ、100の町の戦士らの姿を描いた黄金の兜を被る。燃えさかる火の如く輝く戦車に打ち乗ると重く堅固な長柄の槍を手にとったが、猛き父神の子、この女神は、憎しと思えば群がる勇士の戦列をもこの槍で薙ぎ倒す。すかざずヘレ（ヘラ）が馬に鞭を加えると、広大な天とオリュンポスの出入りをあずかり、濃い雲の戸をあるいは開き、あるいは閉じる「時の女神（ホラ）たち」の守る天の門扉が、ひとりでに軋んで開き、2人の女神は笞（しもと）に耐える馬を進めた。

(5. 733-755)

あのアテナ・パルテノスの黄金象牙像の原型であったかもしれないソロンの時代の神像は、まさに戦（いくさ）の神の面目躍如たるこのパラス・アテナの勇姿を基に具象化されたであろう。そうだとすれば、当然その神像を安置する神殿も存在したはずである。それがソロンの晩年、ペイシストラトスの僭主政への動きが起きる頃に完成したとみられるヘカトンペドン（百尺殿）と呼ばれる神殿である。原パルテノンの名称も与えられるこの神殿は、碑文と建築様式から前570〜560年の建立と推定されている。(5) この時期以降、アクロポリスにはエレクテウスが同居するアテナ・ポリアスの神殿に加えて、パラス・アテナが独居する大きな神殿が並び建つことになったと考えられよう。

　さて、ソロンの改革はアテナイの社会的危機の原因を根本的に除去したわけではなかった。改革後しばらくすると再び貴族と平民の抗争が生じ、それは党争の形をとって展開し、富裕市

第5章　アテナ信仰とパルテノン

図68　アテナ・プロマコス小像、アテネ出土、前470年ごろ：国立考古学博物館、アテネ

民は平地党に、中流市民は海岸党に、貧農は山地党に結集して争うようになった。こうした党争のなかから山地党を率いたペイシストラトスは前561年に僭主の座につくが、反対派の連合により2度追放されるという目にあった。のちついに3度目、前546年にアテナイの支配権を掌握し、病死する前528年まで安定政権を維持した。彼は国法を変えることなく、勧農政策によって小農を保護し、手工業を進め、外国貿易を盛んにし、国力の充実に努めた。ペイシストラトスの施策には、護衛兵、外国人の傭兵、地租の徴収など、否定的な面も伝えられているが、反面彼の支配は概して穏当で、「僭主的というよりむしろ合法的に国事を運営した」と評せられている。とにかくソロンの改革とこの僭主の政策により、やがて始まる前5世紀の民主制の担い手たる中産農民層が育成されたのである。

　ペイシストラトスの宗教政策としては、まずパンアテナイア祭の拡大・再編があげられよう。前566/5年、彼はこの時はまだ僭主の座に就いていないのであるが、それまでの聖衣(ペプロス)奉献のための祭礼行列に運動競技も加えて、パンアテナイア祭はギリシアの四大祭典(オリュンピア、ピュティア、イストミア、ネメア)に並ぶかたちとなった。僭主政確立後には、ペイシストラトスあるいは彼の息子たちによって、ホメロスの詩の吟唱大会や各種の音楽コンテストも付け加えられた。このパンアテナイア祭の再編成と並行して計画されたと思われるのが、アテナ・ポリアスの神殿の改築工事である。アクロポリスの南側、現在のパルテノンの位置に建つヘカトンペドンは、ピレウス産の石灰岩製、前面6柱、側面12柱あるいは13柱の周柱式神殿(20.5×44m)であったので、その北側、前7世紀建立のアテナ・ポリアスの神殿は、まず規模において見劣りのする存在になっていたのであろう。そこで、前6世紀末に新しく献堂されたのが、エレクテ

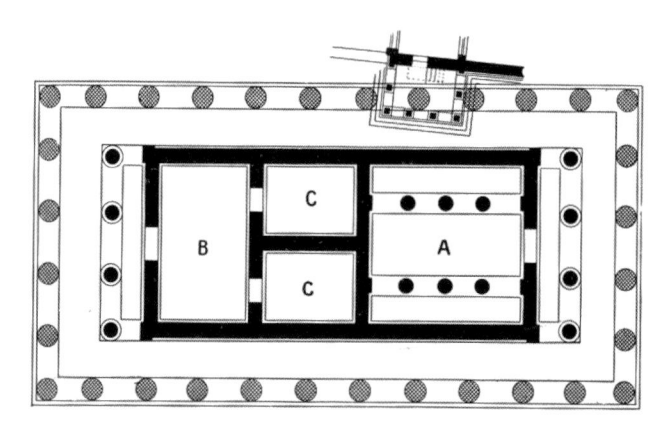

図69　アテナ古神殿平面図、デルプフェルトによる：Collignon、前掲書

第 5 章　アテナ信仰とパルテノン

イオンの前身となる古アテナ神殿（アルカイオス・ネオス）（図69）である。発掘者の名前にちなんで「デルプフェルトの神殿」とも呼ばれるこの神殿は、石灰岩製、前面6柱、側面12柱の周柱式 (43.44×21.34m)、プロナオスとオピストドモスの正面は各々4本の柱と壁端柱2本、神室は壁によって東西に遮断され、西の部分はさらに3室に区分されている。東室はアテナ・ポリアスの木彫祭神像（クソアノン）が安置され、西の3室はおそらくポセイドン、ヘパイストス、エレクテウス（エリクトニオス）の祭祀に当てられたのであろう。

　ところで、ヘロドトスによれば、ペイシストラトスは、海岸党を率いるメガクレスがいう、自分の娘を娶れば独裁権を与えるという条件に同意して1度目の亡命から帰国することになるが、その際に両人はある計略を立て実行した。それは容色もすぐれた大柄な女に完全武装させて車に乗せ、最も効果的なポーズをとらせて町へ乗り込ませるというもので、その先導役は、「アクロポリスのアテナ女神もペイシストラトスの帰還をお望みである」と触れ廻った。アテナイ市民はその女を真の女神と信じて祈りを捧げ、かくてペイシストラトスを迎え入れたというのである。ヘロドトスは、抜け目のないギリシア人の中でも、頭の切れることでは第一とされるアテナイ人が、このような世にも馬鹿げた愚行に騙されるとは情けないと言っているのであるが、つまりこの戯（たわ）けた愚行はアテナイ人のパラス・アテナへの熱烈な信仰をうまく利用したということであろう (1. 60)。そしてこの話は、完全武装の女神を装った女の姿の手本となるようなパラス・アテナの神像がアクロポリスに存在したことも物語っている。さらに、兜を戴くアテナの頭部と女神の使者である梟が両面に描かれた銀貨がはじめて鋳造されたのもペイシストラトスの時代であったことも付け加えられよう[8]（図70）。

図70　アテナの頭部／オリーブの枝と梟、アテネ、前520〜550年ごろ：大英博物館

ペイシストラトスの死後、前527年、その子ヒッピアスが後継者となり、しばらくは事なきを得たが、前514年のパンアテナイア大祭の日、弟ヒッパルコスがハルモディオスとアリストゲイトンの決起によって暗殺されると、ヒッピアスの支配は過酷なものとなり、僭主政は民衆にとって耐えがたいものとなった。そこで、亡命中のアルクメオン家はデルポイの神託によるスパルタの軍事介入を借りてヒッピアスを追放し、前510年、約半世紀にわたる僭主政を終らせた。アルクメオン家のクレイステネスは民衆の支持のもとに国制の改革を始めた。彼は従来貴族の勢力地盤となっていた四部族制を解体し、アッティカ全土を都市部、内陸部、海岸部の3地域に分け、それらをさらに10のトリッテュス（人為的な地域区分）に細分した。そして3つの地域から1トリッテュスを抽出して組合せ、これを1部族とした。こうして成立した10部族は、それぞれアッティカ内のすべての地域の人々を含むことになり、市民の利害はこれによって調整された。この10部族制の各部族は独自の役人と集会をもったが、それは軍組織のためにも活用され、以後アテナイ陸軍の枢要は10部族からなる重装兵となる。またクレイステネスは、この部族制度の最小単位として区または行政村落にあたるデーモスを設けた。そして従来の400人の評議会を改め、各部族の選出する50人、合計500人からなる評議会を新設し、各部族の評議会議員はデーモスの人口により比例代表式に選出された。

さらに彼は、僭主の出現を防ぐために陶片追放（オストラキスモス）とよばれる人民投票を定めた。こうしてクレイステネスの改革によって民主政の枠組みが与えられ、かくしてアテナイは、国力においても軍事力においても、強大なポリスとなった。ヘロドトスがいうように、アテナイは、自由平等ということがあらゆる点において、いかに重要なものであるか、ということを実証したのである。

スパルタ王、クレオメネスがクレイステネスの政敵イサゴラスをアテナイの支配者とすべく努め、ペロポネソス同盟軍を率いてエレウシスに侵入するが、結局失敗する。アテナイはその報復としてエウボイアに侵攻し、ボイオティア・カルキス軍を撃破し、その多数を捕虜とした。のちに捕虜は釈放されるが、その釈放金の1/10を以って青銅製の戦車を作り、これをアテナに奉納したという。これには次のような銘詩が刻まれていた。

　　アテナイの子ら、戦（いくさ）の業に、ボイオティア、カルキスの族を討ちひしぎ、黒鉄の枷（かせ）かけ、いぶせき獄におとして、その驕慢を懲らしぬ。ここに戦利の10分の1をパラスの尊に奉り、これなる戦車を献げまつりぬ。
　　　　　　　　　　　　　　　　　　　　　　　　　　　　　　　　　　　　（ヘロドトス, 2. 5. 77）

自由を勝ち取り、自らのために働く意欲を燃やすようになったアテナイ人は、戦の業もパラス・アテナから授かったものと自覚するのである。そしてこの詩想には、戦車を駆って先陣を行くアテナ・プロマコスの勇姿が思い描かれているといえよう。

　ヘロドトスは、このようなアテナイの情況に関連する挿話の中で、ある古い伝承について記している。かつてエピダウロスは穀物の不作に悩んでいたことがあったが、この天災についてデルポイの神託を伺ったところ、巫女は、オリーブの材で作った、ダミアとアウクセシア2女神の祭神像を奉安せよと告げた。そこでエピダウロス人は、アテナイに対し神聖なオリーブの樹を1本伐採させてほしいと頼んだ。一説によれば、当時はまだアテナイ以外には世界中どこにもオリーブの樹はなかったともいう。アテナイは、エピダウロスがアテナ・ポリアスとエレクテウスに毎年犠牲を供えるという条件で許可した。エピダウロスはこの条件を受諾してオリーブの樹を手に入れ、これで祭神像を作り、奉安した。かくしてエピダウロスでは五穀が実るようになったという (5.82)。この説話は、アテナ・ポリアスが元来農耕神であり、しかもエレクテウス（エリクトニオス）と不可分の関係にあることを物語っていよう。アテナ・ポリアスとパラス・アテナはそれぞれ異なる神格を具有するものと観念されていたことを再確認しておきたい。

アテナ・パルテノス

　前6世紀中葉から小アジアのエーゲ海沿岸地帯のギリシア人諸市は、アケメネス朝ペルシアの支配下に入っていたが、前5世紀になると、ミレトスを中心とするイオニア諸市がこれに反乱を起こした。アテナイは海軍を送って反乱を援助したが、結局失敗に終った。ペルシアのダレイオス大王はマケドニアも新たに従属国に組み入れる一方、ギリシア諸市に使節を送って服従を求めた。しかしアテナイとスパルタはこれを拒否したので、ダレイオスはその反抗を懲らしめるためにギリシア遠征軍を送った。ペルシアに亡命していたもとの僭主ヒッピアスも復帰の夢を捨てきれずこれに同行した。約25,000人のペルシア軍はエーゲ海を渡ってエウボイア島に上陸し、カリュストスとエレトリアを陥落させ、前490年9月マラトン平野に侵攻した。

　これを迎え撃つギリシア軍は、スパルタ軍の到着が遅れたため、約10,000人のアテナイ軍と

1000人のプラタイアイ軍のみであったが、重装歩兵の密集隊戦術によって数でははるかにまさるペルシア軍に圧勝した。このマラトンの戦勝は重装歩兵市民の民主政の勝利であり、帰するところ、パラス・アテナの勝利でもあった。アクロポリスでは、ヘカトンペドンに替って、勝利の女神ニケを伴うパラス・アテナの神像を安置するための大規模な神殿の建立が計画された。それが前490年以後に工事が着手され、前480年にクセルクセスのペルシア軍の破壊によって未完に終ったとされる旧パルテノンである（図72）。この神殿はペンテリコン産の大理石製、前面6柱、側面16柱の周柱式で、パルテノンより一回り小さく、プロナオスとオピストドモスには各々4本の柱が配されていた。当然のことながら、その工事の財源にはマラトンの戦利品も当てられたであろう。アテナイ人がマラトンの戦勝記念として献納した「アテネ人の宝庫」の南壁にも、「アテナイ人は、マラトンの戦いにおけるペルシアからの戦利品として、これを捧ぐ」と刻まれている。さらにほかの戦勝記念として、この頃から製作されたアテナイの銀貨のアテナ像が、兜に勝者の標であるオリーブの葉の冠を付けていることも注目されよう（図71）。

図71　兜にオリーブの葉をつけたアテナ／オリーブの枝と梟と三日月、アテネ、前460〜450年ごろ：大英博物館

　その後、アテナイでは国内の諸問題や貴族間の紛争が続いたが、前486年ごろには民主政の改革が進み、テミストクレスの政治的地位が高まった。前483年、ラウレイオンの鉱山で銀を豊富に埋蔵する鉱脈が発見され、その銀による収益を、当初市民に分配しようとしたが、ペルシアの脅威を訴えるテミストクレスの提案によって、三段橈船の新しい艦隊の建造に使うことが決定された。この海軍の創設を機に、アテナイの歴史は大きく変わることになる。

第 5 章　アテナ信仰とパルテノン

　ペルシアはギリシア遠征失敗のあと、再び大規模な侵略を企てたが、エジプトの反乱やダレイオスの死去で遅れ、王位を継いだクセルクセスは前 480 年晩春、15 万の大軍を率いてヘレスポントス海峡を渡った。ギリシア側では、スパルタがペルシアに抵抗する意志をもった 30 の国を統合し、同盟関係をつくりあげた。各国は互いの間での戦争を停止し、陸海の指揮権をスパルタに委ねた。主要戦力はスパルタを中心とするペロポネソス同盟の陸軍とテミストクレスの指揮するアテナイ海軍であった。

　テッサリアと北部地方がペルシア軍に屈従すると、スパルタ王レオニダス率いる 6,000〜7,000 人のギリシア軍はテルモピュライの隘路の防衛に向かった。艦隊もそれに連携しながらエウボイア北部のアルテミシオン岬に停泊した。8 月、3 日間の戦闘の末、形勢不利と悟ったレオニダスは、直ちにスパルタ軍を中心とする 1,000 人の小隊を残してペロポネソス部隊を撤退させた。結局レオニダスの小隊は全滅したが、撤退するギリシア軍を守りぬいた。テルモピュライ陥落を知ったギリシア艦隊もエウボイア海峡を退いてサラミス海峡に移った。

　アテナイでは、かねてからテミストクレスの提案により、デルポイの神託に従って「木の砦」なる艦船による戦いに命運を賭け、婦女子をトロイゼンその他に避難させる計画を立てていた。したがって 9 月にペルシア軍がアテナイに入ったときにはすでに避難は完了し、市内にはほとんど人はいなかった。アクロポリスを守護する 1 匹の大蛇が姿を消したのを、アテナ女神がそこを立ち去られたしるしと見て、市民もすみやかに撤退したという。アテナ・ポリアスの木彫祭神像も他所に避難したことにかかわる伝承であろう。かくしてアクロポリスはペルシア軍の包囲攻撃を受けた。これに対してそのわずかな守備軍はよく戦ったが、ケクロプスの娘アグラウロスを祀った聖所近くの絶壁を登攀したペルシア兵の奇襲によってアクロポリスは陥落した（ヘロドトス, 8. 41）。

　ペルシア兵は神殿の内陣に逃げた者たちまでもことごとく殺した後、神殿を掠奪しアクロポリスの全面に火を放った。この時旧パルテノンの工事は円柱鼓胴を 3 段重ねるまで進捗していたが、火を浴び亀裂を生じた十数個の鼓胴が、その後北壁の構築に使われ、現在に至っている。またヘロドトスは、「エレクテウスの神殿」（古アテナ神殿）の境内にあるオリーブの聖樹も神殿とともに類焼したが、火災の翌日にはすでに幹から芽を出していたという話を伝えている (8. 53)。

　アテナイはペルシア軍の蹂躙するところとなったが、サラミス海峡では、テミストクレスの

計略によって、操船技術にすぐれるギリシア艦隊が機動力を発揮して、数においてまさるペルシア艦隊を敗退させた。その冬、クセルクセスは陸路を退却しアジアへ引き返したが、マルドニオス指揮下の大量のペルシア軍はテッサリアに踏みとどまり、再びアテナイを占拠した。前479年、集結したギリシア軍はボイオティアのプラタイアイでペルシア軍とその味方のテバイ軍を撃退し、また同じ頃、ギリシア艦隊は小アジアのミュカレでもペルシア軍を攻撃し勝利した。こうしてペルシアのギリシア本土侵略は終結した。ペルシア勢退去後のアテナイについては、トゥキュディデスは、

> アテナイの一般市民は、ペルシア勢が彼らの領土から退散すると直ちに、子供たち婦女たち、家財のたくわえなどを、避難させてあった場所から故国に迎え、またポリスの復興と城壁の再構築の準備にとりかかった。なぜなら、周囲の城壁はわずかに残影をとどめ、家屋はほとんど廃墟と化して、ただペルシア勢の主だった者たちが宿泊した家々のみが残っているに過ぎなかったからである。　　　　　　　　　　　　　　　　　(1. 89)

と記している。城壁の復旧に関しては、軍事的優位に立とうとするスパルタはこれを快しとせず、強く反対したが、テミストクレスは巧みな政治工作によってスパルタの意図をだしぬいて、前479～478年、その再建工事を完了した（トゥキュディデス、1. 90～92）。前述した旧パルテノンの損傷を受けた円柱鼓胴を使ってアクロポリス北壁を防御する工事が行われたのもこの時であろう。また内陣壁など破壊をまぬがれたアテナ古神殿も一部修復されて、避難していたアテナ・ポリアスの祭神像はふたたびそこに安置されたと思われる。

その後も、ギリシア勢はペルシアに対する戦闘行為を継続し、その指揮権はスパルタのパウサニアスに委ねられたが、やがて彼は不評を買い、スパルタに召還された。これに代って指揮権を執るようになったアテナイは対ペルシア戦線のための新しい同盟結成へと動いた。前477年夏、この新同盟すなわちデロス同盟の最初の会議がデロス島に招集され、同盟各国の拠出すべき年賦金（フォロス）の額が定められ、その同盟金庫をデロス島のアポロン神殿に置いた。加盟諸国は自治を保ち、その代表会議は同島の神殿において開催された。

パウサニアスからギリシア解放戦線の指揮権をうけついだキモンは、同盟諸国の海軍を率いてビュザンティオンをはじめ小アジア沿岸諸地に遠征し、東はキュプロス島から北はトラキア沿岸まで討伐をかさねてエーゲ海各地からペルシア勢を撃退し、後日のアテナイ支配圏の礎を

築いた。しかしこのような活発な拡大政策のなかで、同盟離脱をはかったナクソスを武力鎮圧し、前465年アテナイの経済的侵害を主な理由に反乱を起したタソスも武力をもって屈服させるなど、デロス同盟は徐々にアテナイ帝国へと変質をとげはじめていた。

そしてアテナイは内政的にも問題が生じた。貴族保守派の頭領であり、親スパルタ的政策をとっていたキモンは、スパルタが地震と農奴(ヘイロテス)の反乱のために窮地に陥っていたとき、スパルタを助けるために援軍を率いてペロポネソスへ赴いたが、スパルタ側の猜疑をうけて不面目にも送還された。キモンは帰国すると、この不名誉な撤退責任を追及されて、前461年陶片追放された。

キモンに代って勢力を増したのは、より民主的なアテナイを目指そうとする一派で、その中心人物はエフィアルテスであった。彼は保守勢力の牙城であったアレオパゴス会議の実権を奪い、これを500人の評議会や民会や裁判所に与え、アテナイ民主政の性格を変えた。彼はそのしばらくのちに暗殺されたが、その志を継いだペリクレスは、この民主政を至上のものとして、理論的にも実践的にも完璧なものにした。すなわち、裁判は役人ではなく、民衆からくじで選ばれる陪審員が判決を下す。ポリスすべての役職者に給料が支払われるようになり、すべての役人はその任期の終りに民衆法廷で執務審査を受け、また会計検査もなされた。さらに民会決定や公共事業の決算が石に刻まれ、アクロポリスで公開されるようになった。

キモン追放後、アテナイは外交政策を転換させ、スパルタと対立する方向へ進み、ついにペロポネソス同盟とのあいだに戦争が起った。戦況は一進一退を繰り返し、アテナイはその間、中心市と港とを結ぶ長壁を築いて防備を固めた。一方、ペルシアとの戦いは依然続いていたが、前459年ペルシアに対して反乱を起したエジプト支援のために、アテナイは遠征軍を送った。

戦争は6年有余の長きに及んだ末、前454年、遠征軍は全滅の憂き目にあう。これを機に、デロス島にあった同盟金庫はアテナイのアクロポリスに移管された。この措置は「アテナイ海上同盟」の「アテナイ帝国」への移行を画するものだといわれるが、それはアテナイの財政にとっても画期的な事件であった。この時以降、同盟市年賦金の60分の1の額がアテナ女神の初穂(アパルカイ)として納められ、大理石板にその記録が公示された。

また追放中のキモンは呼び戻されて、再びキュプロス遠征に出動した。彼はその地で病死し

たが、前449年にその海軍はペルシア海軍に大勝した。しかしギリシア軍はキュプロス島から撤退し、ペルシアとのあいだに正式の和平条約「カリアスの平和」を結んだ。この条約によって、デロス同盟とペルシアとの抗争は終りを告げ、エーゲ海諸島および沿岸都市におけるペルシアの脅威はないと認められたから、デロス同盟の本来の成立理由は解消したわけである。したがって同盟市の年賦金を納めることへの不満も生じ、アテナイに反抗した同盟市も散発的にはあったが、そのつど武力鎮圧された。そしてアテナイは貨幣統一令を出して同盟内の貨幣をアテナイ通貨「アテナと梟の貨幣」に統一するなど、帝国主義的性格を強め、さらに前446年にスパルタとの30年間の平和条約を結び、帝国の存在を確かなものにした。

これでようやくギリシアに平和の時代が来た。それは前431年ペロポネソス戦争勃発までのわずか15年であったが、この15年間は世界文化史上特筆に値する時期であった。それは古代ギリシア古典文化の最高潮期であり、前447年に起工され前432年に完成したパルテノンがその事実を証明している。パルテノンを中心とするアクロポリス壮麗化の事業には、同盟からの年賦金が当てられたので、アテナイの保主派からも、それは流用だとして猛烈な批難と反対の声があがった。これに対して、ペリクレスは次のように言って市民を説得したという。

　　アテナイが戦争に必要なものを充分に備えおわった上は、その余剰を次のような事業にまわすべきである。その事業とは、それが完成の暁には永遠の栄光が、途上においては刻々繁栄がもたらされるものなのである。あらゆる種類の企業が興り、さまざまな需要が生じて、それがまたすべての技術に刺戟を与え、あらゆる人手を促し、市民のほとんど全体を賃金所得者とするのであって、国は自らの手で飾られると同時に養われることになるのだ。
　　　　　　　　　　　　　　　　　　　　　　　（『プルタルコス英雄伝』、ペリクレス, 12）

保守派の頭目トゥキュディデス（同名の歴史家とは別人）が陶片追放に処せられたあと、15年間連続して将軍に選ばれたペリクレスは、その誠実さ、才能、経験によって民会を啓蒙し、内政においても外交においても自分の意志を貫き、彼の理想を可能なかぎりにおいてほぼ現実化した。パルテノンをはじめとする大規模な建築事業においては、石、青銅、象牙、黄金、黒檀、糸杉などの材料を扱う職人たち、これらの資材を輸送供給する専門職や労働者などの需要が生じ、いわば適材適所のあらゆる人々が国庫の富の配分にあずかることができるようになり、かくして市民の生活水準が向上した。

第 5 章　アテナ信仰とパルテノン

　また市民権資格を両親ともアテナイ人である者に限ったが、外国人の活動をむしろ歓迎し、交易は活発となり、ペイライエウスは地中海で第 1 級の港となった。このような物質的繁栄にもまして、演劇、哲学および科学思想も盛んとなり、アテナイは「ギリシアの学園」と呼ぶにふさわしい存在だと自負するにいたった。ペリクレスはあの有名な戦没兵士追悼演説（前 431 / 430 年）のなかで、

　　　われらのポリス全体はギリシアが追うべき理想の顕現であり、われら一人一人の市民は、人生の広い諸活動に通暁し、自由人の品位を持し、己れの知性の円熟を期することができると思う。
　　　　　　　　　　　　　　　　　　　　　　　　　　　　　　　　　（トゥキュディデス, 2. 41）

とアテナイを格調高く謳い上げている。

　さて、ペリクレスのパルテノンはペンテリコン産の大理石製、前面 6 柱、側面 17 柱の周柱式神殿で、東のプロナオスと西のオピストドモスには、外周の柱より一回り細い柱が各々 6 本ずつ並ぶ。列柱内側の壁で囲まれた内陣は東西 2 室からなるが、その基本的平面形式は旧パルテノンのそれを踏襲したものである（図 72）。床面積 2,000m^2 以上、棟高約 20m、その建築・彫刻のために切り出された大理石は推定 22,000 トンという壮大なパルテノンが、彫刻も含めてわずか 15 年で完成したことはまことに驚嘆に価する。普通なら何世代も要する工事がたった一つの政治世代の高潮期に完結をみたのである。それはすべての工事従事者が高揚した士気に促されて嬉々として仕事に励み、職人たちは己れの技を競い合って実力以上の腕前を発揮したからである。

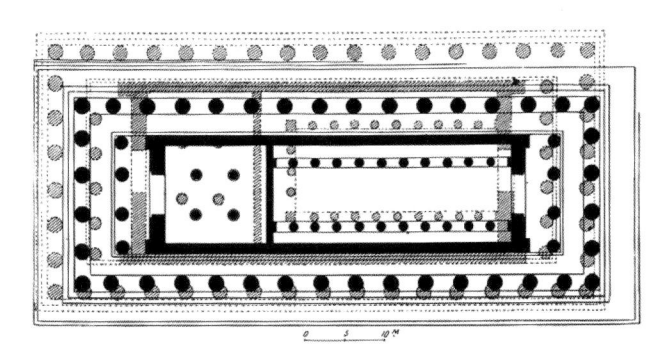

図 72　旧パルテノン（黒）とパルテノン（斜線）、B.H.Hill による：Collignon、前掲書

プルタルコスの伝えるところによれば、アクロポリスのプロピュライアは5年で竣工をみたが、この工事中に、アテナ女神が明らかにその工事に参与し、完成に向けて助勢していることを示す奇跡が起った。ある仕事熱心な職人が高所から転落し、重体に陥って医者にも見放された。ペリクレスが意気消沈していると、女神が夢に現われて治療法を教えたので、それを試みるとたちまちにして男は快癒した。ペリクレスはこれを記念して健康女神アテナの青銅像をアクロポリスの祭壇の傍に立てたという（プルタルコス、ペリクレス, 13）。

　ペリクレスの師アナクサゴラスは、イオニア、クラゾメナイの人であるが、彼は「太陽は灼熱した金属の塊である」と言ったために、神事を認めず天空現象を教える者として瀆神罪（とくしんざい）の訴追を受けた（ディオゲネス, アナクサゴラス, 8）。ペリクレスは人格的にも思想的にもこの哲学者から薫陶を受けたので、雷現象をゼウスの仕業とただ盲信したり、日蝕を何か不吉なことの前兆だと恐れおののくようなことはなかったが、自然学の識見によってむしろ正しい希望を伴う確固たる敬神の念を抱いていたのである。言い換えれば、ペリクレスは、アナクサゴラスが説くヌース（宇宙秩序の原理としての意志）という超越的存在を信ずる立場から、ゼウスをはじめとするオリュンポスの神々への素朴な信仰も尊重したのである。パルテノンの神室のアテナ・パルテノス像もこのような信仰から奉献されたものであろう。

　ところで、パルテノスとは未婚の娘、処女を意味するが、アテナやアルテミスに冠せられれば、処女神ということになる。実はパルテノンの語は「処女の部屋」を意味し、この神殿の西室を指していたが、前4世紀ごろに神殿全体の呼称となったのである。つまり「処女神殿」という意味になるが、この語はデモステネスの著書の中に見るのを初見とする[10]。前5世紀の碑文では、パルテノンは単に「神殿」あるいは「大神殿」と呼ばれていた。またアテナ・パルテノスの像についても、トゥキュディデスは「女神」「祭神像」と記すのみであるから（2. 13）、前5世紀のこの像固有の名称ははっきりしない。

　したがって、前4世紀に神殿をパルテノンと呼ぶようになって以降、そのアテナの祭神像はパルテノンにちなんでパルテノスと名付けられたのだ、という説明もされるのである[11]。しかし、これはおそらく逆であろう。アリストパネスの喜劇『鳥』のなかに、「それに何てたくさんな黄金の飾りだ、まるで処女神像（パルテノス）のように」(670) という台詞が見える。このパルテノスがアテナを指すのかどうか明証はないが、作者は別の作品『平和』のなかで、パルテノンの黄金象牙像を製作したフェイディアスにかけられた嫌疑についてふれているので (605)、その台詞の「黄金の

第5章　アテナ信仰とパルテノン

処女神像」は当然アテナ・パルテノスを念頭においたものと考えられる。パルテノンの祭神像は献納当初から愛称としてパルテノスと呼ばれていた可能性もあるのである。

　ともあれ、アテネにまつわるパルテノス、パルテノンといった処女性の観念は特に注目されるところだが、ホメロスはアテナを決してパルテノスと呼んでいないのである。この添え名が初見されるのは「アテナ讃歌」である。この讃歌の制作年代は特定できないが、アッティカにおいてアテナ崇拝が最高潮に達した頃とされている。まさにパルテノン建立前後の時期であろう。その讃歌の冒頭はアテナをこう謳う。

　　　栄ある女神、パラス・アテナを歌い始めよう。輝く眼の、智力あふれ、和らぐことなき心もちたもう女神、畏き処女神（パルテノス）、城市（まち）護りたもう神、心猛きトリートゲネイアを。この女神を、智慮に富むゼウスは御みずから、その尊き御頭から生みたもうた。燦然と光放つ黄金造りの武具に身をかためる御姿で。　　　　　　　　　　　　（『ホメロス風諸神讃歌』28）

　ここでは、ポリアス、パラス、そしてパルテノスなど、これまで見てきた女神アテナの属性がすべて挙げられているが、それではアテナはなぜ「畏き処女神」でなければならないのか。アイスキュロスの『慈みの女神たち』のなかで、父ゼウスから生まれたアテナは、「私に産みの母というのは誰もいない。結婚生活のことを除けば、それ以外のことはすべて男の世界を心よしとする」と言っている。確かにアテナは女性との交わりを避け、エリクトニオスを養育し、オデュッセウス、テセウス、ヘラクレス、ペルセウスのような英雄を助勢している。要するに、女神はただただゼウスから生まれたのであり、結婚生活という性的行為からも、その結果としての出産という母性からも超越している。それ故に、女神は彼女を篤く敬うすべての男性、とりわけ戦士の守護者となって、流血の修羅場となる戦場に赴き、先陣をきって戦うアテナ・プロマコスになり得たわけである。[12]アテナイ人のみならずギリシア人すべてが、マラトンやサラミスなどの対ペルシア戦のなかで、ホメロスが語ったパラス・アテナの存在を現実として感得したであろう。ここにおいて、新たに処女神という神格を与えられたアテナ・パルテノスがパルテノンに祀られることになったと考えられよう。

　アテナ・パルテノスの像についてもう一つ注目しておきたいのは、アテナに寄り添う大蛇についてである。パウサニアスはこの蛇はエリクトニオスであろうと言っているが、それは、ペルシア軍がアクロポリスを攻略する前に姿を消していたというあの大蛇にちがいない。エリク

トニオス、アテナ古神殿に棲む蛇、いずれにしても、それはアテナ・ポリアスの分身のような存在である。そしてアテナ・ポリアスはアテナイの守護神なのである。したがって、アテナ・パルテノスに蛇が扈従している姿態は、そのアテナ・ポリアスがパンヘレニック（全ギリシア）の守護神として顕現したことを示しているといえよう。アリストパネスの『鳥』にはその傍証が見出される。それは次のようなアテナ女神に関する2人の老人の台詞のやりとりである。

  エウエルピデス 立派なお国柄だよ。でも、どの神様がそこの守護神におなりになるのかね。どなたのため聖衣（ペプロス）を織ろうというの。
  ピステタイロス どうしてアテナ・ポリアスを忘れるのかな。
  エウエルピデス でもね、どうしてきちんとしたポリスといえるでしょうかね。女神の方が女身ながらに、完全武装をしておいでなのに、クレイステネスは筬（おさ）を持っているんだから。
                    （825以下）

　この喜劇は前414年の大ディオニュシア祭に上演された。当時アテナイはペロポネソス戦役中であったが、前421年ニキアスの条約締結によって数年の平和を享受し、なおその繁栄と資力を誇っていた。しかし頼むべき唯一の指導者ペリクレスは前429年病没して、世上にはいわゆる煽動政治家の類が横行していた。この劇中の中でも、作者はそういう政界人物を辛辣に諷刺し、アテナイ市民の悪弊に対しても痛烈な批難を浴びせている。そういう喜劇の主旨はともかくとして、ここに引用した対話から推察されるのは、アテナ・ポリアスと完全武装のアテナ・パルテノスが別個の神ではなく、むしろ同一神として認識されているということである。しかも、ペプロス奉献が両者の神格を合一する儀式であったことを示唆している。またアリストパネスの『騎士』（前424年上演）にも、アテナイの騎士よりなるコロスは次のように歌う。

  われらの父祖を頌（たた）えよう。この国と（アテナの）聖衣（ペプロス）とを恥かしめず、
  天晴れの武夫（ますらお）ぶりを示したかれら、陸といわず海といわず、ゆくところ
  つねに敵に勝って祖国の誉れを輝かしたかれらを。
  ……
  ああ国の護りパラスの尊、
  至尊の女神、
  弓矢の技、文の道、
  その勢威他に比類なき

この国をみそなわす君よ、

　戦さの庭に、つねにわれらとともにあるかの勝利女神(ニケ)を伴いて神降りたまえ。　　（565, 581）

　その「聖衣(ペプロス)とを恥かしめず」という言葉が特に注意をひく。アテナのペプロスは女神の形代(かたしろ)なのであろう。4年に1度のパンアテナイア祭において、新たにペプロスを奉献することは、アテナ・ポリアスの神威の更新であると同時に、パラス・アテナすなわちアテナ・パルテノスの勢威の強化でもあった。まさにそのことこそパルテノン建立の意図するところであったのではなかろうか。パルテノンの平面形式は旧パルテノンのそれを基本的に継承していることから推せば、マラトンの戦勝後着工された旧パルテノンにそのような構想がすでに企図されていたと考えられる。

処女の部屋としてのパルテノン

　前438年、パルテノンは細部の仕上げ工事や西側のペディメントの彫刻を残していたが、完成したアテナの黄金象牙像はその東の神室に安置され、同年夏の大パンアテナイア祭の時に盛大な奉献式が行われた。まさにアテナイは平和と繁栄を享受していた。しかしそれからわずか7年後の431年、アテナイとスパルタがそれぞれの同盟市を率いて戦うペロポネソス戦争が勃発した。

　トゥキュディデスによれば、ペリクレスはペロポネソス勢の侵攻が迫るのを見て、民会に集まっているアテナイ市民に、戦の準備を急ぐよう伝え、戦争完遂の決意と充分な資金の蓄積があれば、戦には必ず勝てると述べた。そして軍資金については、同盟諸国からの年賦金、アクロポリスが収蔵する銀貨、その他の公共・私人の奉納品、ペルシア戦役の戦利品、他の諸神殿の財庫からの資金など具体的な数字をあげて市民を励ました。そして、

　　もしすべての道を絶たれる緊急の事態が生じても、女神自身を被う黄金片すら役立てることができる、と言って、祭神像は全部取り外し可能な純金、重さ40タラントンに相当するものを装っていることを明らかにした。しかし、これらをもってポリスを救った暁には、少なくともこれ以上の捧げ物をまた奉納しなくてはならぬ、と言いわたした。

(『戦史』2. 13)

　A. ミハエリスはこの記述を例証として、アテナの黄金象牙像はプロピュライアとエレクティオンの間に立っていたブロンズのアテナ・プロマコス像と同じく、ひとつの奉納像に過ぎず、祭神像ではなかったと推断する。後者がブロンズ像であるのに対して、前者は象牙像であるから、それを保護するための家が必要であった。それがパルテノンだというのである。[13]

　このパルテノンを一種の宝庫と見なす説はかなりの支持者あるいは後継者を得て今日に至っている。確かに「パルテノンの祭壇は見つかっていないし、パルテノンの神官たちの名前もない（ともかく残っていない）」ということもこの説の根拠となる。[14]しかし、これまで述べてきたアテナの信仰の観点に立てば、このような即物的説明はやはり受け入れ難い。まず何よりも、トゥキュディデスはアテナの黄金象牙像を公式に祭神像（agalma）と呼んでいて、奉納像（anathema）という語を用いていないのである。このことは無視できない。

　またある学者は、かつてデロス同盟の金庫がデロス島のアポロン神殿に保管されたように、パルテノンは前454年、アテナイのアクロポリスに移された金庫を納めるための政治的、宗教的意味をもった巨大な公共的奉納物であったというのである。デモステネスが「われわれにとって当然の自慢であったアジアでの略奪品や戦利品によってプロピュライアやパルテノンを建立し、その他の神殿を飾った人々」（*Against Androtion* 13）と指摘したように、ペリクレスが黄金象牙像とパルテノンをつくるためにその保留財源を使ったことは事実である。

　しかし、デロス同盟の金庫がアテナイに移されるはるか以前、前490年にパルテノンよりも少し小規模ではあるがほぼ同様の平面の旧パルテノンが起工されているのである（図72）。そのことはパルテノンが金庫の目的とは全く異なる意図によって建立されたことを物語っていよう。

　すでに触れたように、パルテノンは東の神室と西室から成り、その間は扉のない厚い壁で隔てられていた。ヘカトンペドン・ナオス（アッティカ尺で長さ100尺）として知られる神室は2段のドリス式列柱が左右と奥の壁に沿って並び、ちょうど3つの側廊がアテナ像をとりまくようになっている。参拝者はプロナオスを経て大きな戸口から神室に入ると、その正面にアテナの黄金象牙像を仰ぎ見るのである。その視線は左右対称の列柱によって自然にその像に導かれる。したがって神室の空間構成は正面性あるいは方向性を演出したものだといえよう。神室は明ら

かにアテナの祭神像を礼拝するための建築空間なのである。

　公式にパルテノンと呼ばれた西室はオピストドモスから入る。ほぼ正方形平面の部屋の中央に４本のイオニア式の柱が立っていて、その天井と屋根を支えていた。この西室で注目されるのは室内のテトラキオニオン（４本の柱で構成される空間）の存在であろう。それはミュケナイの宮殿のオパイオンを支える４本の柱を思い起こさせる。オパイオンは古代ギリシアの住宅で、暖炉の排煙や採光のための吹抜けであるが、オパイオンのある場所は部屋の中心にあって、その４本の柱は家のシンボルであった。西室のテトラキオニオンはそのようなミュケナイ時代の建築的観念を反映したものであろうが、西室はそこに居る者の眼がいやおうなく中央のテトラキオニオンにそそがれるような求心的な空間なのである。したがって、テトラキオニオンの中心部では、処女の部屋(パルテノン)の名に象徴される何らかの宗教的儀式が執り行われたのではないか、と推測されるのである。

　そこでこの問題を検証するために、東と西のペディメントの彫刻をあらためて見てみよう（図39, 40）。まず東のそれはアテナの誕生で、兜と盾で武装した女神がゼウスの頭からいま現れ出たところ、空中のニケがアテナの頭上にオリーブの葉の冠を置こうとしている。まさにパラス・アテナの誕生である。この出来事の場面はオリュンポス、時は夜明け、左翼は、太陽(ヘリオス)の馬が海から昇り、右翼は、月(セレネ)の馬が海の波間に沈んでいく。

　そして西のペディメントはアテナとポセイドンの争い、中央にポセイドンとアテナが互いに身を引くようにして立つ。ポセイドンはアクロポリスの真中に彼の三叉の矛を打ちこんで、海水の泉を湧出させんとする。アテナは槍で地面を突いてオリーブの木を出現させる。この場面はアテナイのアクロポリス、左翼には、ケクロプスとその腰もとに寄り添う大蛇、彼の娘、パンドロソス、アグラウロス、ヘルセー、息子のエリュシクトン、右翼には、エレクテウスの娘、クレウサとその息子のイオンがいる。その大蛇はアテナ自らが育てたとも、露あるいはあらゆる水分のニンフであるケクロプスの三姉妹が育てたともいわれるエリクトニオスであろう。それはともあれ、この争いはケクロプスの証言によってアテナの勝利と判定され、以後ポリスはアテナイと呼ばれるようになったのである。そしてイオンは言うまでもなくイオニア人の祖である。

　つぎはメトープの彫刻、その南側の場面はラピタイ人とケンタウロスの闘争、北側はギリシ

アとトロイの戦争で、いずれもギリシア人の野蛮人とか異邦人に対する戦いがテーマである。東側はゼウスを主領とするオリュンポスの神々とティタンの神々との戦闘で、ギリシアの神々による先住民族の神々の征服を寓意しているといわれる。そして西側はアテナイに来襲したアマゾン族とアテナイの英雄、テセウス率いるアテナイ人との戦いである。

　このように見てみると、東正面の彫刻の主題は全ギリシア的な神話の出来事であり、西のそれは女神アテナとその庇護のもとにあるアテナイまたはアッティカに関する伝説的場面であることがわかる。そうだとすれば、パルテノンの壁で完全に隔てられた東の神室は全ギリシア的な女神すなわちパラス・アテナのための場所、西の部屋はアテナイの守護神、アテナ・ポリアスの場所ということになろう。ところで、パウサニアスは当時まだ一部が残存していたアテナ古神殿にあるアテナ・ポリアスの像について次のように記している。

　　　中心部（アテナイ）にとどまらず、アッティカ全土もひとしくアテナ女神の聖なる土地であって、田園の諸集落（デーモイ）にしても、他にもさまざまな神々を崇めるのがしきたりであるとはいえ、アテナ女神を尊崇することには何ら変わりがない。アテナイの人びとが田園の諸集落から集まってくる、ずっと以前から共通に認められていたもっとも聖なるものは、当時は単に「ポリス」と呼ばれていた現在のアクロポリスに安置されていたアテナの祭神像（アガルマ）である。これにまつわる伝説は、この像が天から降ってきたとしている。　　　　　　　　(26, 6)

　言うまでもなく、この祭神像がアテナのクソアノンなのであるが、その像がどのような形姿で、またその祭神像のためにどのような儀式が行われていたのかについて再確認しておこう。まず『プルタルコス英雄伝』の「アルキビアデス」の次の一節。

　　　なぜなら、アルキビアデスの船がアテナイにもどってきた当日は、あいにくアテナ女神のプリュンテリア祭がおこなわれている最中だったからだ。この祭の儀式はプラクシエルギダイ家が祭司として、タルゲリオン月の25日に人目をとおざけて取りおこない、アテナ女神の衣をはいで洗いきよめるあいだ、その聖像に布をかぶせておくのだった。

　　　　　　　　　　　　　　　　　　　　　　　　　　　　　　　（アルキビアデス, 34)

　H. W. パークによれば、タルゲリオン月のプリュンテリア祭はこの記述とはすこし異なっていて、それはアテナの祭神像の沐浴とその聖衣を洗い清める儀式である。プラクシェルギダイ

家は代々祭神像に聖衣を着せることを務めとし、厳粛な秘儀として執り行われる洗い清めの儀式が当家の婦人たちによって執り行われた。そして女神に親しく接する行為は男性や関係者以外の女性にも公開されることはなかった。まず祭神像の聖衣(ペプロス)を脱がせ、またお飾りもはずされる。それから像には覆いがかけられ、洗い清められるために神殿から運び出され、海岸へ行列をなして向かう。海に到着すると、聖像の覆いはとられ、2人の若い女性によって沐浴が行われる。また同時にアテナのペプロスも洗い清められる。そこには、この儀式を指示する特別な女神官が立ち合っていた。行列は護衛隊の兵士が掲げるたいまつの光に導かれて帰還する。それから、祭神像はプラクシェルギダイ家の女性たちによってその覆いがとられ、ふたたびペプロスが着せられ、神殿の中に安置された。(16)

アテナの木彫(クソアノン)祭神像についてはすでに触れたが、この儀式次第からも、それは裸の立像であり、プリュンテリア祭は翌々月ヘカトンバイオンに挙行される例年のパンアテナイア祭の一環としての儀式であったことが理解される。

アッティカでは、穀類として小麦と大麦が栽培され、10月下旬から11月にかけて耕作と播種が行われた。蒔かれた種子はゼウスの雨によって芽を出し根を張る。春を迎えるとそれらは大きく成長し、5月には穂を出し稔りの時節となる。6月は収穫、7月下旬までに脱穀を終えねばならない。ヘシオドスは『仕事と日々』のなかでこう言っている。

　　収穫の季節、太陽が肌を焦がす時季には、いまこそ精出して働き、稔りを家に搬びこむときだ、日の出とともに起きだして。おまえが食糧にこと欠かぬためである。(574以下)

タルゲリオン月はいまの暦で5月半ばから6月半ば、ヘカトンバイオン月は7月半ばから8月半ばであるから、ヘカトンバイオンの28日に挙行される毎年のパンアテナイア例祭は穀物の収穫祭と関連しているものと考えられよう。それはアテナイのポリス創始を記念し、その年の豊作を予祝する新年祭であった点が重要である。そして伝承はパンアテナイア例祭日を女神アテナの生誕の日としている。

パンアテナイア例祭はアテナ信仰における儀式とこの季節の供物の奉納からなっている。すなわち、まず農夫と職人たちに守られて新しい火がアテナ・ポリアスの神殿に運ばれる。次に牛と羊の犠牲の参加者への分配と共食、そして古式による競技である。

4年ごとに挙行されるパンアテナイア大祭の祭式内容は例祭のそれとほぼ同じであるが、それを特徴づける祭事はアテナのクソアノンに着せる新しいペプロスを舟形の台車に乗せて運ぶ壮麗な行列であった。第1日目は、日没を待って、アカデモス（聖なるディピュロンの外域）で火が点ぜられる。そこでは、若者の歌舞に囲まれたアテナとエロスへの犠牲も共に待機している。それから、火はたいまつ競技のかたちで、アゴラを経てアテナの祭壇に運ばれ、そこでランプの芯に移される。

　第2日と大祭当日、大行列はディピュロンを出発する。祭列には犠牲獣、犠牲の儀式に必要なものを入れた鉢や聖籠を持った若い娘たち、オリーブの枝を手にした老人たちが参加する。その行列の中心はペプロスである。それは、大祭に先立つこと9ヵ月前、アテナ・ポリアスの神殿の処女の世話人（アレフォロイ）のもとに、エルガスティナイと呼ばれる娘たちによって、アテナ・エルガネ（技芸の守護神）のカルケイア祭の日に織り始められる。そして織り上げられたペプロスは舟形台車の中央マストの帆桁の先に掛けられて、アクロポリスへと運ばれる。舟には金色や色とりどりの花輪で飾った男女の神官たちが同乗している。舟はケラメイコスの城門からアクロポリスの坂にあるエレウシスのデメテルの祠へと向かい、プロピュライアのところで、ペプロスは取り外されたらしいが、はっきりとしたことはわからない[17]。そして舟形台車そのものはアレオス・パゴスの近くに停められた（パウサニアス, 1. 29. 1）。

　パークは、当初のペプロスは人間の大きさあるいはそれより小さな木彫像に相応しいものであったが、少なくとも5世紀後半までに、舟の帆になるような大きなサイズになったのであろう、と推測する。しかし、伝承が「それは天より降ってきた」という太古の時代からのアテナの木彫祭神像がにわかに大きくつくり替えられるようなことはあり得ない。クソアノンはもともと人間のサイズよりも少し大きなものであったのではないか。そしてクソアノンに着せられるペプロスは2つの留め金で背に掛けられる長方形の布地で、それはタペストリーのような織物であったらしい。エウリピデスの『ヘカベ』には、その意匠について述べた次のような一節がある。

　　それともパラスが都に
　　住もうて、麗しい車の女神の
　　サフランの御衣に
　　若駒を巧みな花の

第 5 章　アテナ信仰とパルテノン

色の糸で、
かがろうか、それとも
クロノスが御子ゼウスが火を吐く
焔でもって眠らせた
ティタンが族(やから)をか。
(465-474)

　さて、パルテノンの柱廊の内側の四周をめぐる連続したレリーフが有名なパンアテナイア・フリーズである。それはパンアテナイアの祭列を表していて、周柱廊の格天井の真下、内陣の外壁の上を走り、東と西の端はプロナオスとオピストドモスの 6 本の柱の上部を横切っていて、全長 163m におよぶ。それは待機するアテナイの騎士たち、騎兵隊の大行列、戦車、オリーブの枝を手にした老人たち、楽師、盆や甕を運ぶ若者、犠牲の羊や牛、犠牲の儀式に必要な容器を運ぶ娘、行政官、そして神々を描いていた。祭列の出発点は神殿の南西の隅で、2 つのグループに分かれ、一方は西から北のフリーズに展開し、他方は南のそれに進行するが、それらは東のフリーズで合い会する。そしてそのフリーズの中心のグループはオリュンポスの神々で、彼らはひとりの男性が少年にペプロスを手渡す場面を中にして 2 つのグループに分かれている（図73）。(18)

図73　東のフリーズ、彫像の中央部分、オルランドスの作図部分：Orlandos、前掲書

図74　東のフリーズ、ペプロスの奉献：大英博物館、Hadziaslani / Mavrommatis、前掲書

　この中央の場面を見てみよう。まず長くゆったりとした着衣の男性は神官であろう。そして、少年はエウリピデスの『イオン』の主人公イオンのような神殿の侍者とみなされよう。[19] 神官と背中合わせに立つ婦人はおそらくアテナ・ポリアスの女神官である。彼女はいまちょうどかたわらの女性からクッション付の腰掛けを受け取ろうとしている。その女性に続くもうひとりの女性も腰掛けを運んでいて、腰掛けの足を右手にして後ろを振り向こうとしている。この群像は左右一組になった神々と共に神室の出入口真上の長大な大理石ブロックに刻まれていた（図74）。神々はいま始まろうとしている祭典を待つかのように座っている。左のグループの端にはヘルメスが描かれ、つぎはヘルメスの肩に腕をかけたディオニュソス、続いてデメテルとアレス、そしてヘラと共に彼女に寄り添うように立つのはイリスである。ヘラの右には、ゼウスが玉座の背もたれに寄りかかって座している。右のグループの端には、アテナがヘパイストスと共に座っている。そのつぎにポセイドン、アポロン、アルテミスがきて、最端に何かを指し示すようなしぐさのアフロディテが息子のエロスと共に描かれている。

　この中央の場面で注目されるのは、ペプロスの奉献がパンアテナイア祭の中心的行事であるにもかかわらず、神々はそれを無視しているかのように見えることであろう。それは、神々がアテナ古神殿におけるアテナのクソアノンのペプロス奉献の儀式には関心がなく、彼らの眼はパルテノンの外での祭典にそそがれているのだと解釈することもできる。しかしそれではなぜ

第5章　アテナ信仰とパルテノン

ペプロス奉献のシーンが神殿の中心、出入口の真上に彫刻されているのか、という疑問が生じる。この点に関して、A. フルトヴェングラーは次のように説く。要するに、パルテノン建立の目的はアテナ古神殿のクソアノンをパルテノンに遷座して、そこで女神アテナにペプロスを献納する儀式を挙行することであった。そうすることによってアテナ・ポリアスとアテナ・パルテノス（パラス・アテナ）の信仰を統一し、女神の神格を合一することであった。その場にはオリュンポスの神々が臨席する。しかし、この企てはアクロポリスの壮麗化に猛反対したペリクレスの政敵たちによって防害され、つぶされた。パルテノンの総監督フェイディアスは、この実現されなかった当初の構想の象徴的場面をフリーズに刻みこんだ。そのシーンの女性が運ぶクッション付の腰掛けは臨席する神々の顕現を表わすもの、そして後ろを振り向こうとしている女性のポーズは後続する腰掛け持ちの存在を暗示しているというのである[20]。

またフルトヴェングラーは、パルテノンの西室について、「家の中の男性の部屋、宴会の広間」を意味する andron と「女性のために用意された家の一部」を指す gynaikon の語を例示して、類似した語形の parthenon は parthenos（単数形）すなわち家の中のひとりの処女の部屋ではなくて、parthenoi（複数形）、処女たちのそれであるとして、パルテノンの西室は処女たちの部屋であると考える。そしてその処女たちにケクロプスの3人の娘たち、パンドロソス、アグラウロス、ヘルセーを当てる。アテナの古神殿の傍らには3人の娘たちの聖所があったのであるから、新しい神殿に彼女たちの部屋があって当然であるというわけである[21]。

ところが、J. G. フレーザーは、ケクロプスの3人の娘が西室で祀られていたというこのフルトヴェングラーの考えは全くの事実誤認とする。すなわちパルテノンの呼称が「処女たちの部屋」を意味する論拠は、マイアンドロス河畔の町マグネシアでのちに発見された碑文に、アルテミスの神殿をパルテノンと呼んでいる事実によって否定されるという[22]。確かに、前2世紀前半のこの碑文には新神殿の落成に際して、アルテミス・レウコフリュエネのクソアノンを旧神殿からここに移す式次第が詳細に規定されているが、そこに新神殿の神室（ナオス）を「パルテノン」と記しているのである[23]。そうならば、当のパルテノンと呼ばれた西室はまさしくパルテノス、処女神アテナのものでなければならない。言いかえれば、アテナ・ポリアスのクソアノンの部屋であって、そのパルテノンという西室の呼称は、西正面のペディメントやメトープの彫刻のテーマとしっかりと対応しているのである。

アポロドーロスによれば、エリクトニオスはアテナ自身によって育て上げられて、アテナイ

の王となり、アクロポリスにアテナのクソアノンを立て、パンアテナイア祭を創始したのであるが、彼の両親はヘパイストスとガイアすなわち大地ともいわれる（パウサニアス, 1. 2. 6）。

本章の冒頭でふれたようにエリクトニオスは「大地から生まれた（子）」を意味し、蛇で象徴されるから、実のところは、「(露の) 輝き」「露」「すべての潤い」を意味するアグラウロス、ヘルセー、パンドロソスの三姉妹が育てたのであろう。

つまりすべての水分を表す3人のニンフが大地を「穀物を恵む豊穣な大地」にするからである。そして彼女たちは先述したプリュンテリア祭や聖籠運びのアレフォロイが行うアレフォリア祭など、パンアテナイア祭と一連の祭式にも深く関与しているのである。

そこであらためてペプロス奉献のシーンを見てみよう。後ろを振り向こうとしている2番目の女性のあとにもうひとりの腰掛け持ちの女性が続くとすれば、腰掛けは3つとなり、それらはアグラウロス、ヘルセー、そしてパンドロソスが座るためのものとみるのが妥当ではなかろうか。そして真ん中の男女はペプロスを運ぶ舟形台車に同乗した神官たちであろう。その男神官が少年にペプロスを渡そうとしている。それではこの場面はどこに想定されているのか。そこはまさにこの彫像の中心線上に位置する西室のテトラキオニオン（4本柱の空間）の中であったと思う（図75）。

パンアテナイア大祭が始まる前に、プリュンテリア祭で洗い清められたアテナのクソアノンがアテナ古神殿からここに遷座される。祭列が到着すると、ペプロスは舟形台車からおろされ、畳まれて、男神官から神殿の侍者の少年に手渡される。また3人の若い女性によって運ばれてきた腰掛けは女神官の手で所定の位置に置かれる。ペプロスは少年からプリュンテリア祭のメンバー（腰掛けを運んだ女性たちかもしれない）に渡される。3つの腰掛けはアグラウロス、ヘルセー、パンドロソスの形代である。その臨席のもとで、テトラキオニオンの中に立つアテナのクソアノンは新しいペプロスに着せ替えられた。否、フルトヴェングラーにしたがえば、そうなるはずであったということになる。

もしアテナのクソアノンがアテナ古神殿からパルテノンの西室に移されたとしたならば、古神殿に棲んでアクロポリスを守護していた大蛇、すなわちエリクトニオス（あるいはエレクテウス）（ヘロドトス, 8. 41. 55）との関係はどうなるのか。これではアテナ・ポリアスとその分身のよう

第 5 章　アテナ信仰とパルテノン

図 75　復元模型、パルテノンの西室、4 本柱の空間構成（テトラキオニオン）と採光穴

な存在のエリクトニオスが切り離されてしまう。古神殿の神官たちにとって、それは容認し難いことであったであろう。こうして、クソアノンは西室に移されることもなく、アテナ・パルテノスとアテナ・ポリアスがパルテノンに合祀されることもなかった。したがって、アテナ・ポリアスのペプロスをここで衣替えすることによってアテナ・ポリアスひいてはアテナ・パルテノスの処女性あるいは神威を更新、強化するという所期の目的は達成されなかった。

　しかし、大蛇を従えたアテナ・パルテノスの姿はアテナ・ポリアスが全ギリシアの守護神として顕現したことも表明している。そしていつのころからか、そのアテナ・パルテノスを祀る「大神殿」を西室の公称のそれを取って「パルテノン」と呼ぶようになった。たしかにパルテノンは畏き処女神、国の守り神、そしてパラスとしての栄ある女神アテナ・パルテノスに捧げられた大いなる讃歌なのであった。

東中央のフリーズ、パルテノン

註

第1章

1　R. カーペンター、松島道也訳『パルテノンの建築家たち』1977、pp.212 - 217、鹿島出版会

2　J. ブラン、鈴木幹也訳『ソクラテス以前の哲学』1971、pp.51 - 55、白水社

3　SIG 997a8 (Delos, 2 B.C.) Liddell and Scott, R. *Greek-English Lexicon*. Oxford, 1996. 1490.

4　藤縄謙三訳『ギリシア文化の創造者たち──社会史的考察』1985、筑摩書房

5　Schachermeyr, F. *Poseidon und die Entstehung des Griechischen Gotterglaubens*. 1950. s.136f.；藤縄謙三『ギリシア神話の世界観』1971、p.168、新潮社

6　Palmer, L.R. *Mycenaeons and Minoans*. 1962. 121f.；藤縄謙三、註6前掲書、p.147

7　R. マルタン、伊藤重剛訳『ギリシア建築』図説世界建築史 3、2000、p.93

8　Lawrence, A.W. *Greek Architecture*. Rev. by R.A. Tomlinson. 8th ed. Yale University, 1996. 179.

9　エウリピデスの『タウリケのイピゲネイア』では、オレステスとピュラデスは、大空から降ってきたと伝えられる女神アルテミスの祭神像(アガルマ)を盗むべく、神殿の「トリグリフの間の体を通すだけの空き」から侵入している。この「空き」とはメトープの部分を指している。

10　内山勝利他訳『ソクラテス以前哲学者断片集』第Ⅲ分冊、1997、岩波書店；O. ディットリッヒ、橋本隼男訳『ギリシア倫理学史──倫理学成立史』上巻、1976、p.50 - 51、内田老鶴圃

11　R. グレーブス、高杉一郎訳『ギリシア神話』上巻、1955、p.85、紀伊国屋書店

12　Grillo, P. J. *What is Design ?*. Chicago, 1960.44.

13　J.J. クールトン、伊藤重剛訳『古代ギリシアの建築家──設計と構造の技術──』1991、p.154、中央公論美術出版

14　パルテノンのエンタシスの輪郭線については、ペンローズはそれを双曲線の一部とし、ディンズムーアは円弧だとしている。Penrose, F. C. *An Investigation of the Principles of Athenian Architecture*. New York, 1888；Dinsmoor, W. B. *The Architecture of Ancient Greece*. London, 1950.

第2章

1　M. P. ニルソン、小山宙丸（ほか）訳『ギリシア宗教史』1992、p.9、創文社

2　H. シュリーマン、中島篤巳訳『トロイ遺跡図譜』2002、pp. 40 - 42、私家版

3 　Wilson, H. H. *The Rig-Veda, Hyms of the Rig-Veda*. Vol. 1. Delhi, India, 2002.

4 　Monier-Williams, M. A. *Sanskrit - English Dictionary*, Oxford, 1979. 913.

5 　Orlandos and Travlos, J. N. *Lexicon Archaion Architektonikon Oron* (*A Dictionary of Ancient Greek Architectural Terms*). Athens, 1986.

6 　Paton, J. M. ed. *The Erechtheum*, Athens, 1927. 339.

7 　ヘラクレイトス（B. 著作断片64）、内山勝利編『ソクラテス以前哲学者断片集』第1分冊、1996、pp. 327 - 328、岩波書店

8 　アナクシマンドロス（A. 生涯と学説11）、註7前掲書、p.168

9 　Liddell and Scott, R. *Greek-English Lexicon*, Oxford, 1996. 341, 1059.

10 　Jenkins, I. *The Parthenon Frieze*. London, 1994. 78；Roccos, J. L. "The Kanephoros and Her Festival Manthe in Greek Art."*American Journal of Archaeology*. 1999. 641 - 66.

第3章

1 　Roux, G. "Colour, Architectural Decoration of Ancient Greece." *The Dictionary of Art*. Vol. 13.

2 　Penrose, F.C. *An Investigation of the Principles of Athenian Architecture*. Rev. ed. London, New York, 1888. 55 - 57.

3 　Orlandos, A. K. *I Architektoniki tou Parthenonos* (*The Architecture of the Parthenon*). Vol. 3. Athens, 1978. 642 -648.

4 　Kouzeli, Belogiannis, Doganes, and Tolias, X. *Meleti Apokatastaseos tou Parthenonos* (*Study on the Coloured Layers, Visible on the Surface of the Monuments*). Studies for the Restoration of the Parthenon. Vol. 2a. Athens, 1989. 198 - 202.

5 　Eichholz, D. E. *Theophrastus' De Lapidibus*, Oxford, 1965. 79.

6 　Plesters, J. Titan's "Bacchus and Ariadne." *National Gallery Technical Bulletin*. Vol. 2. National Gallery: London, 1978；Kühn, H. *Naturwissenschaftiliche Untersuchung von Leonardos" Abendmahl" in Santa Maria delle Grazie in Mailand*. Maltechnik Restauro 4/85. Callwey, Munchen, 1985. 寺田栄次郎『昔の顔料の研究』1996、pp.40 - 44、金沢美術工芸大学美術工芸研究所

7 　チェンニーノ・チェンニーニ、中村彝・藤井久栄『芸術の書──絵画技法論──』1976、p.83 - 86、中央公論美術出版

8 　Lucas and Harris, J. R. *Ancient Egyptian Materials and Industries*. 4th ed. London, 1962. 343.

9 　Lucas. *ibid.* 342 - 343.

10 　Lucas. *ibid.* 341.

11 　Lucas. *ibid.* 341 - 342.

12 Penrose, *op. cit.* 55.

13 ペンテリコン山の北麓、ディオニソス産の試料「White of Dionysos - Penteli」の主要鉱物は 98% が方解石で、蛍光 X 線による成分分析では、CaO, 53.78%；MgO, 0.95%；SiO_2, 1.08%；Fe_2O_3, 0.10%；Al_2O_3, 0.80%；P, 0.01%；Ig-Loss, 43.10% である（上田石灰製造株式会社の研究チームによる）。

14 Jenkins, I. and Middleton, A. P. "Paint on the parthenon Sculpture." *The Annual of the British School of Archaeology at Athens.* 1988. 198, 207. ジェンキンスは最近の著書で、橙褐色の付着物には次のような痕跡もあると指摘している。すなわち夏季のなかった 536 年のように 6 世紀には、火山の巨大噴火あるいは流星の衝突によって地球規模の気候上の大災害が起き、太陽光の減少と湿度の上昇で微生物が発生した。それがのちに鉱物化した層になったという。スタイロベート上の付着物はその可能性もある。Jenkins, I. *Greek Architecture and It's Sculpture*, London, 2006. 36.

15 Kouzeli et al. *op. cit.* 198.

16 Orlandos, *op. cit.* Vol. 2. 194 - 5.

17 Jenkins and Middleton, A. P. *op. cit.* 201.

18 Penrose, *op. cit.* 56, Note 1.

19 Caley, E.R. *Ancient Greek Pigments from the Agora*, Hesperia 14. 1945. 52.

20 Liddell and Scott, R. *Greek - English Lexicon.* 9th ed. Oxford. 1996.

21 Liddell and Scott, R. *op. cit.*

22 Kirk, G. S. *The Nature of Greek Myths*. Pelican. 1974. 290ff.

23 Semper, G. *Der Stil in den technischen Künste*. München, 1878; Bötticher, A. *Die Akropolis von Athen*. Berlin, 1888; Michaelis, A. *Der Parthenon*. Leipzig, 1871; Durm, J. *Die Baukunst der Griechen, Handbuch der Architektur*. Band 1. Leipzig, 1910; Brommer, F. *Die Metopen des Parthenon*. Mainz, 1967.

24 M. ヴェーグナー：『人間と音楽の歴史』II、古代音楽・第 4 巻、ギリシア、序論（pp. 9 - 10)、音楽之友社

25 ヴェーグナー、前掲書、52, 60.

26 Delivorrias, A. The Sculptures of the Parthenon, *The Parthenon and its impact in modern times*. Athens, 1994. 110 - 111.

27 Diels, H. *Die Fragmente der Vorsokratiker*. Dublin/Zurich, 1952. 59A43, 73, 84.

28 Delivorrias, A. "Acroterion." *The Dictionary of Art*. Vol. 1. New York, 1966. 127 - 129.

29 M. P. ニルソン、小山宙丸（ほか）訳『ギリシア宗教史』1992、pp.20-21、創文社

第 4 章

1 Korres, M. "Meleti Apokatastaseos tou Parthenonos" (Study for the Restoration of the Parthenon).

註

Committee for the Preservation of the Acropolis Monuments. Athens, 1989. 32, 65 - 68. その報告を要約すると、内陣の東と西の壁は3つの大理石ブロックから成っているのに対して、南と北の壁は2つのブロックである。問題のブロックは、東壁の幅が1.7mで3つのブロックの厚さと一致し、しかも西壁のブロックはすべて元の位置にあるので、いわば消去法によってそれは東壁に属するものである。そしてその長さは2.55mの開口部に見合うものであるから、それは東壁に設けられた窓の楣に相違ない。267年、ギリシアに侵入したヘルリア族によって、パルテノンに火が放たれた結果、屋根は灰燼に帰し、その強烈な火力によって神殿の内陣の壁表面に亀裂が生じた。その楣と推定される大理石にも同じ原因と見られる割れとはがれがあるので、その部材は創建時から在ったことになる。

復元では、まず考古学的調査の結果は尊重されなければならないと思うが、窓の存在についてはなお以下のごとき疑問も残る。まず、上述の火災のあと、東正面の幅5m、高さ10mの扉口はそれぞれ3.8m、9mに縮小されたという。それは、損傷を受けた扉口の楣が曲げ破壊しないために間口を狭くした補強的処置であったと考えられる。そうならば、6世紀、パルテノンに教会堂としてプロナオスの中央に大きなアプスが設けられ、扉口にアーチが架けられた際、取り除かれた楣の一部が窓のそれに転用されたのではないか。アプスあるいは祭壇両側の窓は教会堂にこそ相応しいものだからである。また、東壁の壁体内の階段室についてであるが、コーレスの復元によれば、階段は窓の位置まで折り返し式になっているのに、それから上へは直通式になっている。そこに窓があるからである。このような設計を当初からしたものか大いに疑問である。

Korres, M. The Architecture of the Parthenon, *The Parthenon and Its Impact in Modern Times*. Ed. by P. Tournikiotis. 1994. Fig. 2, 6, 41. p. 95 note 28.

2   Fergusson, J. *The Parthenon*. London, 1883. 100. 117.

3   Bötticher, H. *Die Akropolis von Athen*. Berlin, 1888. 123.

4   Fletcher, B. *A History of Architecture*. 15th ed. London, 1950. 80, 93.

5   Dörpfeld, W. *Mitteilungen des Deutschen Arch*. Instituts. Athenische Abteilung. 1891. 334.

   Orlandos, A. K. *I architektoniki tou Parthenonos* (*The Architecture of the Parthenon*). Vol. C. Athens, 1978. 389 - 401.

6   Penrose. F. C. *An Investigation of Principles of Athenian Architecture*. London, 1888. 46, note 3.

7   Dinsmoor, W. B. *The Architecture of Ancient Greece - An account of its historic development*. 3rd rev. ed. London and Sidney, 1975. 151 - 152, Note 3.

8   Robertson, D. S. *A Handbook of Greek and Roman Architecture*. Cambridge University, 1945. 49.

9   Orlandos, *op. cit.* Vol-3 の図版

10 Stevens, G. P. et al. *The Erechtheum*. Ed. by J. M. Paton. Cambridge, Messachusetts, 1927. 340 - 341.

11　Orlandos and Travlos, I. N. *Archaion Architektonikon Oron* (*A Dictionary of Ancient Greek Architectural Terms*). Athens, 1986. 194.

12　Durm, J. *Die Baukunst der Griechen - Handbuch der architektur zweiter teil*. Band 1. Leipzig, 1910. 203.

13　J. J. クールトン、伊藤重剛訳『古代ギリシアの建築家――設計と構造の技術――』1991、p71、中央公論美術出版

14　Amandry, P. "Greek art, Aegean - Archihtecture." *Encyclopedia of World Art*. vol. 7. McGraw - Hill. 1963. 45.

15　Gruben, G. *Die Tempel der Griechen*. Munchen, 1966/1980. 342 - 344.

16　Lepsius, G. R. Griechische Marmorstudien. *American Journal of Architecture*. Berlin, 1981. 460; Frazer. *op. cit.*, 503ff. 多くのナクソス産大理石瓦がアテネのアクロポリスで見つかっていて、明らかに前7世紀の最も古いものにはナクソスのアルファベットが刻まれている。Dinsmoor, *op. cit.* 91

17　*Pausanias's Description of Greece*, Translated with commentary. by J. G. Frazer. Vol. 5. New York, 496ff.

18　Durm. *op. cit.* 206, note 2.

19　R. カーペンター、松島道也訳『パルテノンの建築家たち』1977、pp. 112 - 115、鹿島出版会

20　Rogers, L. G. Sculpture. *Encyclopedia Americana Grolier*. Connecticut, 1994. 451.

21　ナクソス産とペンテリコン産の大理石の商品名は下記の書籍による：Hellenic Foreign Trade Board ("HEPO"). *Hellenic Marble*. Athens, 1995; Williams, W. et. al. *Material Analysis of Marble from the Patrthenon. Material Characterization*. Vol. 29. New York. 185 - 194.

22　大理石試料の透過率は試料受光面の外部照度に対する試料裏面直下の内部照度の百分率によって示される。それには（株）ミノルタカメラ社製の2種の照度計、T-1H（外部）とT-1M（内部）が使用された。後者は直径約1cmの小面積の照度を遠隔測定できる計器である。

23　（株）ミノルタカメラ社製の輝度計 LS-100 と色彩色差計 CL-100。

24　池浩三・大滝泰「パルテノンの採光法――ペンテリ産大理石瓦の透光性に関する実験的研究――」（英文、『日本建築学会論文集』504号、1998、pp.235-243）；*Diakosmetica Petromata* (*Ornamental Stone from Greece*), No. 12, Athens, Hellenic Marble, 2000, 66 - 76 に再掲載。

25　Lynes, J. A. *Principles of Natural Lighting*, p. 25, 84ff., Elsevier Publishing Company Ltd., 1968.

第5章

1　ニルソンは、女神アテナの蛇との結びつきの起源をミノア時代の蛇女神信仰に求めている。M. P. ニルソン、小山宙丸（ほか）訳『ギリシア宗教史』1992、pp. 20 - 21、創文社

2　J. チャドウィック、大城功『線文字Bの解読』第2版、1997、pp. 179 - 180. みすず書房

3　『オデュッセイア』(6.2 - 10) に、バイエケス人のナウシトオスは、民をスケリエの地に住まわせ、

町に城壁を巡らせて住居を建て、神々の神殿を建立し、農地を分配したとあるが、神殿はまさにポリス共同体の象徴であった。大田秀通訳「テセウス」、村川堅太郎編『プルタルコス英雄伝』上、1996、ちくま学芸文庫。

4　Diehl, E. ed. *Anthologia Lyrica Graeca*. Vol. 1, 1925. fr. 3；藤縄謙三『ギリシア神話の世界観』1971、p.197 - 198、新潮社

5　ヘカトンペドンの存在は碑文（IG12. 4. 10, 18）によって知られる。Meiggs and Lewis, D. ed. *A Selection of Greek Historical Inscriptions to the End of the Fifth Century B.C. 1969*；Korres, M. *The Architecture of the Parthenon - The Parthenon, and its impact in modern times*. Ed. by P. Tournikiotis. Greece, 1994. 56；磯崎新・篠山紀信・渡辺眞弓『磯崎新＋篠山紀信建築行脚2　透明な秩序――アクロポリス』1984、六耀社。

6　アリストテレス、村川堅太郎訳『アテナイ人の国制』16. 2、1980、岩波文庫。

7　Hurwit, J. M. *The Athenian Acropolis*. Cambridge, 1999. 45 - 45.

8　Kraay, C. M. *Archaic and Classical Greek Coins*. London, 1976. 60 -63.

9　Ashmole, B. *Architect & Sculptor in Classical Greece*. New York, 1972. 16, 94.

10　Vince, J. H. *Demosthenes: Against Androtion*. Loeb, 1935. 76.

11　L. M. コリニョン、富永惣一訳『パルテノン』1929、p.60、岩波書店

12　Herington, C. J. *Athena Parthenos and Athena Polias, A study in the religion of Periclean Athens*, Manchester, 1955. 44.

13　Michaelis, A. *The Parthenon*. Leipzig, 1871, 27 - 28.

14　Korres, M. The Architecture of the Parthenon, *The Parthenon and Its Impact in Modern Times*, Athens, 1994. 56.

15　Orlandos, A. K. *I architektoniki tou parthenonos* (*The Architecture of the Parthenon*). Vol. II, Athens, 1978. 408.

16　Parke, H. K. *Festivals of the Athenians. London*, 1977. 152 - 155.

17　Parke, *ibid.* 29 - 40.

18　Brouskari, M. *The Monuments of the Acropolis*. Athens, 2001. 117 - 124.

19　Jenkins, I. *The Parthenon Frieze*. London, 1994. 79.

20　Fultwangler, A. *Meisterwerke der Griechischen plastik. Leipzig - Berlin*, 1893. 184 - 192.

21　*Ibid.* 171 - 174.

22　Frazer, J. G. *Pausanias's Description of Greece*, Translated with commentary, vol. II, New York, 1965. 306.

23　Kern, O. *Der Inschriften von Magnesia am Maeander*. Berlin, 1900, Nr. 100.

付　録

　著者は、パルテノンの建築システムを考察するために、過去10数年間にわたりパルテノンおよびそれと関連する建物の復元模型を制作してきた。それらは、それぞれの目的に応じた大小の縮尺（1/40、1/10,、1/5、1/2、そして原寸）の立体模型である（下掲の写真）。本書所収のさまざまな復元図の写真はすべてこの縮尺模型から撮影された。

パルテノン　S：1/40

付　録

　これらの建築模型は著者の考証・指導の下に、中部大学工学部建築学科の多くの学生諸君と、その協力者、三浦檜工芸と模型工房もくもくによって製作された。現在、これらの作品は中部大学に所蔵されている。

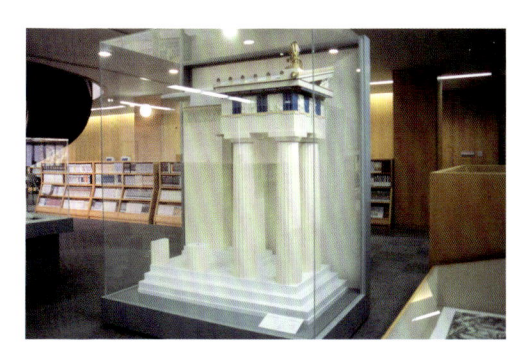

パルテノンの北西隅部　S：1/10

パルテノンのイオニア式フリーズと格天井　S：1/2

プロピュライアのイオニア式柱とエレクテイオンの繰形　S：1/40

ペンテリコン産大理石の屋根瓦　S：1/1

引用文献

　本書に引用されているギリシア・ラテン語文献の邦訳は、特に註記したものを除き、すべて下記の訳書による。但し、いくつかの単語については、考察の対象を明確にするために原語で示すとともに、訳語の統一をはかって表記に若干の改更を加えた。
　以下、著者、翻訳者、書名、出版年、出版社を記す。

ホメロス：松平千秋訳『イリアス』上・下、1992、岩波文庫

ホメロス：松平千秋訳『オデュッセイア』上・下、1994、岩波文庫

ヘシオドス：広川洋一訳『神統記』『仕事と日』、『ヘシオドス研究序説』所収、1975、未来社

ピンダロス：内田次信訳『祝勝歌集／断片選』2001、京都大学学術出版会

ヘロドトス：松平千秋訳『歴史』上・中・下、1972、岩波文庫

トゥキュディデス：久保正彰訳『戦史』上・中・下、1967、岩波文庫

アイスキュロス：呉茂一訳『アガメムノン』ギリシア悲劇全集1、1960、人文書院

アイスキュロス：呉茂一訳『縛られたプロメテウス』ギリシア悲劇全集1、1960、人文書院

アイスキュロス：呉茂一訳『慈みの女神たち』ギリシア悲劇全集1、1960、人文書院

アイスキュロス：呉茂一訳『救いを求める女たち』ギリシア悲劇全集1、1960、人文書院

アイスキュロス：久保正彰訳『ペルシアの人々』ギリシア悲劇全集1、1960、人文書院

アイスキュロス：逸身喜一郎（ほか）訳『アイスキュロス断片』ギリシア悲劇全集10、1991、岩波書店

アリストパネス：田中美知太郎訳『雲』ギリシア喜劇全集1、1961、人文書院

アリストパネス：村川堅太郎訳『女の議会』ギリシア喜劇全集2、1961、人文書院

アリストパネス：呉茂一訳『鳥』ギリシア喜劇全集1、1961、人文書院

アリストパネス：松平千秋訳『騎士』ギリシア喜劇全集1、1961、人文書院

エウリピデス：伊藤照夫（ほか）訳『エウリピデス断片』、ギリシア悲劇全集12、1993、岩波書店

エウリピデス：高津春繁訳『ヘカベ』、ギリシア悲劇全集3、1960、人文書院

エウリピデス：藤沢令夫訳『救いを求める女たち』ギリシア悲劇全集4、1960、人文書院

エウリピデス：呉茂一訳『タウリケのイピゲネイア』ギリシア悲劇全集4、1960、人文書院

エウリピデス：小川政恭訳『オレステス』ギリシア悲劇全集4、1960、人文書院

エウリピデス：松平千秋訳『バッコスの信女』ギリシア悲劇全集4、1960、人文書院

ヘシオドス：沓掛良彦訳『ホメロスの諸神讃歌』1990、平凡社

プラトン：種山恭子訳『ティマイオス』プラトン全集 12、1975、岩波書店

プラトン：田之頭安彦訳『クリティアス』プラトン全集 12、1975、岩波書店

アリストテレス：村治能就訳『宇宙論』アリストテレス全集 5、1969、岩波書店

アリストテレス：泉治典訳『気象論』アリストテレス全集 5、1969、岩波書店

アリストテレス：島崎三郎訳『動物誌上』アリストテレス全集 7、1968、岩波書店

アリストテレス：副島民雄訳『色について』アリストテレス全集 10、1969、岩波書店

アポロドーロス：高津春繁訳『ギリシア神話』1953、岩波文庫

アポロニオス：岡道男訳『アルゴナウティカ──アルゴ船物語──』1997、講談社

パウサニアス：飯尾都人訳『ギリシア記』1991、龍渓書舎

プルタルコス：村川堅太郎編『プルタルコス英雄伝』上、1996、ちくま学芸文庫

ディオゲネス・ラエルティオス：加来彰俊訳『ギリシア哲学者列伝』上、1984、岩波文庫

ディオゲネス・ラエルティオス：加来彰俊訳『ギリシア哲学者列伝』中、1989、岩波文庫

ディオゲネス・ラエルティオス：加来彰俊訳『ギリシア哲学者列伝』下、1994、岩波文庫

ストラボン：飯尾都人訳『ギリシア・ローマ世界地誌』1、1994、龍渓書舎

プリニウス：中野定雄（ほか）訳『プリニウスの博物誌』3、1986、雄山閣

ウィトルウィウス：森田慶一訳『ウィトルウィウス建築書』1969、東海大学出版会

あとがき

　東京・神保町の古本屋で、J. Durm の著 *Die Baukunst der Griechen*, 1910 をはじめて手にしたのは、いまから 53 年前のことである。そのころ著者は大学生であったのだが、西洋建築史の宿題を課せられていたので、そのテーマを探していたのである。私はその本に載っている「ドリス式オーダーの多彩装飾」のカラー刷の復元図にすっかり魅了されてしまい、その絵をそっくり水彩画に模写し、「ギリシア神殿の彩色」と題するレポートを提出した。それがパルテノンとのはじめての出合いであった。

　その後、建築設計を仕事とすることになり、パルテノンから遠のいていたが、20 数年前、この眼でその偉大な建築を見たのをきっかけに、あらためて、F. C. Penrose の *An Investigation of Principles of the Athenian Architecture*, 1888 と A. K. Orlandos の *I architektoniki tou Parthenonos*（*The Architecture of the Parthenon*）Vol. I - III, 1978 を精読し、なお未解決の問題があることを知らされた。本書のパルテノンの建築システムに関する考察は、ひとえにこれら先行研究の正確な調査とすぐれた知見によって導かれたものである。彼ら先達の業績に対し深甚なる敬意を表するものである。

　わが国において、パルテノンに関する知識はこれまでのところほとんどすべて西欧諸国の調査・研究成果に依拠していると言ってよい。したがってもし新たな研究あるいは学説を公表する場合には、当然のことながら共通言語としての英語で発表することが研究者の義務でもあろう。
　著者の場合もこの要請に応えて、日本建築学会の計画系論文集に掲載された 2 編の論文、「パルテノンの採光法——ペンテリ産大理石瓦の透光性に関する実験的研究——」（第 504 号, 1998/2）と、「パルテノンの多彩装飾——その意味と体系に関する復元的研究——」（第 537 号, 2000/11）はいずれも英文である。発表後、その甲斐あって前の論文はギリシアの専門誌 *Diakosmetica Petromata*（*Ornamental Stone from Greece*, No. 12, Athens, Hellenic Marble, 2000）に全文再掲載され、図らずも小論を国際的な議論の場に載せることができた。
　このような経緯もあって、実は本書の出版に先だって英文の *The World of the Parthenon, A reconstruction of the architectural system*（2006）を私家版として刊行し、まず欧米のパル

テノン研究者の評価を確かめたのである。その結果、概して好意的な反応が得られたので、なお議論の余地を残す点もあるが、ほぼそのままの日本語版を出すことにした。

　著者はこれまで古今東西の建築について講義するとき、特に古典的価値の高い建築物を正しく理解するためには、図面や写真だけでは不十分であって、その対象を立体的に、かつ解剖学的に把握できるような資料の必要性を強く感じていた。つまりそれば、建物の全体的形態、内部空間、構造、機能などがリアルに観察できるような、その目的に応じたいろいろな縮尺の建築模型である。付録に掲げたパルテノン関係の模型はこのような意図で製作されたものであるが、これらによって、従来の研究とは異なる角度からパルテノンの建築をより深く吟味できたと思う。しかし、その建築システムすなわちドリス・イオニア式オーダーの象徴性あるいは表徴、多彩装飾と採光などを吟味するためには、神話や宗教、文学や哲学、そして工学といった観点からの総合的考察、言わば学際的アプローチが求められる。それは１建築学徒の容易に成し遂げられることではない。そこで、著者はまず遺構・遺物と文献の中の事実と工学的研究の結果を正確に記述することによって、その観察対象の本来の意義を読み取ることにした。したがって本書の全体的構成とその叙述にはなお生硬の感を否めない。諸賢のご批正を仰ぎたい。そこでの考証が読者の想像力をいささかなりと刺激することができたとすれば、望外の幸せである。

　中央公論美術出版社長、小菅勉氏には本書の上梓を快くお引き受けいただき、また編集の鈴木拓士氏には一方ならずお世話になった。厚く御礼申し上げる。

　　　　　　　　　　　　　　　　　　　　　　　　　　　　　　　池　浩三

[著者略歴]

池　浩三（いけ・こうぞう）

1935年東京に生まれる。1959年早稲田大学第一理工学部建築学科卒業、大成建設株式会社を経て、中部大学で教鞭をとる。中部大学名誉教授（工学博士）。専攻は建築計画・建築史、その関連分野として古代日本文学・文化を含む。

著書

『建築設計』（共著）1972、共立出版

『祭儀の空間——その民俗現象の諸相と原型』1979、相模書房

『家屋文鏡の世界——古代祭祀建築群の構成原理』1983、相模書房

『住まいと匠』1986、相模書房

『源氏物語——その住まいの世界』1989、中央公論美術出版

『時代と習俗——源氏物語講座5』（共著）1991、勉誠社

『源氏物語の地理』（共著）1999、思文閣出版

『源氏物語における建築——源氏物語の鑑賞と基礎知識 No.17　空蝉』（編著）2001、至文堂

「源氏物語と儒教思想」『源氏物語の背景——古代文学論叢第15輯』（紫式部学会編）2001、武蔵野書院

"*The World of the Parthenon, A reconstruction of the architectural system*" 2006、私家版

パルテノンの世界
その建築システムの復元的考察 ©

平成二十年 十月二十五日印刷
平成二十年十一月 五 日発行

著者　　池　浩三
発行者　小菅　勉
印刷　　藤原印刷株式会社
製本　　松岳社
用紙　　三菱製紙株式会社

中央公論美術出版
東京都中央区京橋二丁目八—七
電話〇三—三五六一—五九九三

無断転載禁止

ISBN978-4-8055-0584-7